Lou Andreas-S

Die Erotik

Lou Andreas-Salomé: Die Erotik

Erstdruck: Literarische Anstalt Rütten und Loening, Frankfurt o. M. 1910

Vollständige Neuausgabe
Herausgegeben von Karl-Maria Guth
Berlin 2016

Umschlaggestaltung von Thomas Schultz-Overhage unter Verwendung des Bildes: Egon Schiele, Die Umarmung, 1917

Gesetzt aus Minion Pro, 11 pt

Die Sammlung Hofenberg erscheint im
Verlag der Contumax GmbH & Co. KG, Berlin
Herstellung: BoD – Books on Demand, Norderstedt

ISBN 978-3-8619-9070-3

Bibliografische Information der Deutschen Nationalbibliothek

Die Deutsche Nationalbibliothek verzeichnet diese Publikation in der Deutschen Nationalbibliografie; detaillierte bibliografische Daten sind im Internet über www.dnb.de abrufbar.

Inhalt

Einleitung

Man mag das Problem des Erotischen anfassen wo man will, stets behält man die Empfindung, es höchst einseitig getan zu haben. Am allermeisten aber wohl dann, wenn es mit Mitteln der Logik versucht wurde: also von seiner Außenseite her.

Bedeutet das an sich ja schon: so lange und so viel unmittelbare Lebendigkeit der Eindrücke abziehn, bis man sich in bequemster Übereinstimmung mit einer möglichst großen Gesellschaft befindet. Oder anders ausgedrückt: die Dinge genügend unsubjektiv, genügend fremd von uns selber vorstellen, um anstatt der Ganzheit, Unzerstücktheit einer Lebensäußerung, ein auseinanderlegliches Stückwerk zu erlangen, das sich eben hierdurch im Wort fest fixieren, praktisch sicher handhaben, einseitig-total überblicken läßt.

Nun muß aber diese nämliche Darstellungsmethode, diese notgedrungen alles verstofflichende, entseelende, auch auf das angewandt werden, was uns im nähern nur subjektiv bekannt, nur individuell zu erleben möglich ist, was wir deshalb gewöhnt sind als die »geistigen« oder »seelischen« Eindrücke von den Dingen zu bezeichnen, d. h. einfach: die Eindrücke sofern und soweit sie sich grade ihr prinzipiell entziehen. Um der Übereinstimmung willen, die dabei erzielt werden soll, können wir auch solchen andersartigen Wirkungen immer nur wieder auf Grund dieser einen Wirkung erklärend beikommen, während alles Sonstige, was von ihnen ausgesagt werden könnte, nur gelten darf als Ergänzung im schildernden Sinn, – die, wie sie sich der logischen Übereinstimmbarkeit im übrigen auch anpasse, doch selbst mit deren formaler Hilfe nur mehr oder weniger subjektiv überzeugen kann.

Für das Problem des Erotischen aber ist diese widerspruchsvolle Halbheit, Halbierung, noch besonders typisch insofern, als es selber schon am unbestimmbarsten zwischen leiblich und geistig zu schwanken scheint.

Doch nicht durch eine Verwischung oder Vermischung der verschiedenen Methoden miteinander mildert sich dieser Widerspruch, im Gegenteil nur durch ihr immer schärferes Herausarbeiten, immer strengeres

Handhaben; man könnte sagen: dadurch, daß wir etwas in immer zuverlässigerer Beschränkung, als Stück und Stoff, ganz in die Hand bekommen, bestätigt und bewahrheitet sich uns erst ganz der darüber hinausreichende Umfang unserer selbst. Wir überschauen damit nicht nur die Einseitigkeit des betrachteten Dinges, sondern auch die der Methode: den Weg nach zwei Seiten gleichsam, auf dem allein sich uns Leben erschließt, und den nur eine Augentäuschung für uns in einen Punkt zusammenrückte. Denn je weiter wir in etwas eingehn, nur um desto tiefer tut es sich uns auf nach beiden Richtungen, so, wie die Horizontlinie immer höher auffliegt mit jedem Schritt an sie heran.

Ein Stück Weges noch weiter aber, beginnt die exakte Betrachtungsweise der Dinge sich selbst als einseitig zu betrachten. Überall da nämlich, wo das eigene Material sich ihr über Sinne und Verstand hinaus ins Unkontrollierbare entzieht, während sie es doch auch noch da als existent in ihrem Sinn feststellen, oder sogar noch praktisch einschätzen kann. Von jenseits der kurzen Kontrollstrecke, die unsrer Beaufsichtigung allein zugänglich ist, ergibt sich für das innerhalb ihrer gelegene ein veränderter Maßstab hinsichtlich »Wahrheit« und »Wirklichkeit«. Auch das am stofflichsten Greifbare, auch das logisch Begreifbarste wird, daran gemessen, zu einer menschlich sanktionierten Konvention, zu einem Wegweiser für praktische Orientierungszwecke, – darüber hinaus sich verflüchtigend in den gleichen bloßen Symbolwert, wie das von uns als »geistig« oder »seelisch« Erfaßte. Und an *beiden* Enden unsres Weges erhebt sich damit so unübertretbar das Gebot: »Du *sollst* dir ein Bild und ein Gleichnis machen!« daß auch das Sinnbildhafte, nur in Zeichen und Vergleichen Beredte, worauf alle Geistesschilderung angewiesen bleibt, sich mit aufgenommen sieht in den Grundwert menschlicher Erkenntnisweise. Wie in jenem Horizontstrich, von Schritt zu Schritt vor uns zurückweichend, schließt sich dennoch auch immer wieder »Himmel und Erde« für uns zusammen zu *einem* Bilde: die uranfängliche Augentäuschung, – und zugleich das letzte Symbol.

Basis

Solche letzte Gleichbewertung, weit entfernt, den Außencharakter der
Dinge zu unterschätzen, betont ihn vielmehr noch einmal neu in seiner
Unabhängigkeit zwischen den ihm sonst zukommenden Ergänzungen.
Sie erst lehrt ganz die vorurteilslose Einsicht in alle Verhältnisse des
»Stofflichsten«, des Leiblichsten noch, – die sachliche Ehrfurcht ihnen
gegenüber. Ehrfurcht in einer Bedeutung, für die wir immer noch längst
nicht einfach und hingebend genug geworden sind: ohne alle Seitenblicke
auf ethische, ästhetische, religiöse oder sonstige Nebenbedeutungen, –
allein gerichtet auf den Sinn des Physischen selbst. Auf ihn gerichtet
als auf die für uns anschaulich gewordene Seite unausdenkbar langer
Erfahrungen, gleichsam Auskundschaftungen im Bereich des für uns
Daseienden, die überall noch davon ablesbar ist, wie an Kampfesnarben
oder Siegeszeichen. Als ob an solchem uralt, praktisch urweise Gewordenen, das unserer Prüfung ganz anders als das Geistige standhält,
stillhält, die Lebensbewegung uns zu erstarren scheine zu festeren Zügen
und Formen, so daß unser Intellekt selbst, dieser zuspätest Nachgeborene
in der Welt des Physischen, als ein kleines, zartes und noch törichtes
Knäblein mit tastenden Fingern an ihm herumklettern darf wie auf
Urahns Schoß.

In bezug auf die Basis des Erotischen, die Geschlechtlichkeit, bedeutet
dies deren immer eingehendere Feststellung im physiologischen Sinn.
Die Sexualität als eine Form der Notdurft gleich Hunger, Durst oder
sonstigen Äußerungen unsres Körperlebens, wird auch für die Einsicht
in ihr weiteres Wesen und Wirken erst zugänglich auf solcher Grundlage.
Und wie über unsre Nahrungs- oder andern Leibesbedürfnisse nur
sorgsame Einzelerforschung und Tatsachenprüfung orientieren kann,
so hat auch hier keine andre Richtschnur Gültigkeit als nur die eine,
die wir auf ethischem Gebiet gern als die höchste zu feiern pflegen: der
das Kleinste, Geringste, am niedrigsten Befundene, um nichts weniger
beachtenswürdig erscheint als das mit allen menschlichen Würden
Ausgestattete.

Ausschlaggebend dafür erscheint die, durch keinerlei unsachliche Rücksichten voreingenommene Abschätzung überhaupt, der sexuellen Betätigung wie Abstinenz. Wenn sie nach manchen Seiten immer noch unter die offenen Fragen gehört, so mag es unter anderm damit zusammenhängen, daß uns über die innern Sekretionen der Blutdrüsen sowie deren Verwandtschaft untereinander (die möglicherweise stellvertretender wirken kann als wir wissen) nicht im entferntesten so Genaues bekannt ist wie über die geschlechtlichen Außensekretionen; so daß wir nicht wirklich übersehn können, welchen Einflüssen von ihnen her wir unterstellt sein mögen auch da, wo die sexuelle Betätigung nach außen fortfällt (wie, im üblichsten Beispiel, bei Entfernung nur von Mutter oder Glied, nicht auch von Eierstöcken und Hodensäcken, die sekundären Geschlechtscharaktere nicht beeinflußt werden). Denkbar bliebe es ja, daß von diesem oder jenem andern ähnlichen Punkt aus, sich für die sexuelle Enthaltsamkeit einmal Schlüsse ergeben, die sie nicht bloß gesundheitlich statthaft, sondern wertvoll, – im Sinne des kraftsteigernden, weil kraftresorbierenden und – umsetzenden Wertes, – erscheinen lassen. Und viele Frauen werden es dann sein, die mit einem heimlichen Lächeln fühlen werden, daß sie davon längst etwas wußten, – sie, in denen die zwingende sexuelle Zucht aller christlichen Jahrhunderte, in manchen Schichten wenigstens, zu einer natürlichen Unabhängigkeit gegenüber der nackten Notdurft des Triebhaften geworden ist, – sie, die es sich heute deshalb noch dreimal, nein: zehntausendmal überlegen sollten, ehe sie eine ihnen persönlich schon fast mühelos in den Schoß fallende Frucht langen, harten Kulturringens, sich wieder entgleiten lassen für modernere Liebesfreiheit, denn sehr viel wenigere Generationen genügen zur Beraubung als zur Erwerbung.

Jedoch ganz gleicherweise unbefangen gilt es sich zu den andern Möglichkeiten zu stellen, die vor zu sorgloser Hintenansetzung des Geschlechtlichen warnen können. Zu den Fällen, die den Geschlechtsreiz erkennen lassen als den naturgemäßen Ersatz für die ungeheuren Stimulantien, über die der wachsende kindliche Körper durch die ihm noch so neuen starken Außenreize im gesamten übrigen Sinnenleben verfügte. Zu den Fällen, die von jungen krankenden Menschen erzählen, denen das Erleben des Sexuellen, sogar ohne jeden eignen Antrieb dazu, zur

Genesung wurde, oder von anämischen Mädchen, die selbst in unbegehrter Ehe aufblühten, und erstarkten unter dem Einflusse des veränderten Gewebstonus und Stoffwechsels. Zu allen Fällen, wo die Gefahr evident wird, daß die innerste Lebenskraft zwischen Jugend und Alter durch ihre Aufstauung nicht wirksam würde zu fruchtbaren Umsetzungen, sondern, Leben hemmend und aufhaltend, sich zu einer Art von Giftwirkung konzentrierte. Und lassen sich selbst solchen Anzeichen auch andersgeartete gegenüberstellen, so muß man doch dran festhalten, wie oft die leibliche Hemmung den Menschen an seiner geistigen Leistungsfähigkeit, ja an seinem individuellsten Menschenwert Einbußen erleiden läßt.

Aus diesen Gründen muß jegliches, was zur nüchternsten Prüfung solcher Fragen beitragen kann, willkommen sein, und muß sie behandeln können *als ein Problem ganz für sich*, ohne sich dabei dreinreden zu lassen, sei es von einem Vorwegidealisieren der leiblichen Notstände, wie es manchmal als modernisiertes »Griechentum« auf den Plan tritt, sei es von Ansprüchen der Erotik im engern Sinne. Denn auch dies ist zu betonen, wie wenig das heutige Streben nach Verfeinerung und Individualisierung der Liebesgefühle derartige Fragen durch sich selbst lösen kann. Darum bleibt es doch nicht minder anerkennenswert, und jede reine Kraft, die es fördern hilft, ein hoher Gewinn. Allein das steigend Subtile der Liebeswahl steigert zunächst natürlich nur noch die Schwierigkeiten ihrer eigenen Erfüllung. Unsere physiologische Reife wird ja nur höchst selten mit so ausnahmsweisen Seelenverfassungen zusammenfallen, und alle beide übrigens auch wieder fast ebenso selten mit der Geistes- und Charakterreife eines sich dauernd binden sollenden Menschen.

Überhaupt erweist sich die Vermischung aller möglichen praktischen Gesichtspunkte – hygienisch-romantisch-pädagogisch-utilitaristischer Art, – insofern mißlich, als das rein Sachliche dabei stets vom einen an den andern ausgeliefert erscheint, ehe es noch recht zu Wort kommen konnte. So sieht sich etwa die physiologische Angelegenheit verfrüht spruchreif durch robuste Körperkultur-Ideale, oder umgekehrt durch zarte diskreditiert, diese wiederum, aus Furcht mit ihren robustem Kollegen verwechselt zu werden, sehn sich schnell in ein beschleunigtes

Eheverfahren hineingeduckt, das nun seinerseits mit so vielen erleichternden Konzessionen bedacht werden muß, bis es selber sich recht verdächtig physiologisch begründet ausnimmt: womit es dann am Ausgangspunkt wieder glücklich angelangt wäre. Und so wird, um weder in einen frivolen noch in einen traditionellen Ton zu verfallen, wechselweise ein freier, schwärmerischer oder etwas muffig-philiströser angeschlagen; ungefähr wie in Vorzeiten abgesetzte Gottheiten zu Dämonen degradiert werden, und niemand auf den Einfall kommen kann, soeben noch habe man an sie geglaubt: bis skeptischere Forschung herausfindet, daß auch in ihren Nachfolgern nur sie wieder auflebten. – Weshalb vielleicht einiges Absehn von ihrem jeweiligen Rang, sowie von sämtlichen Reformausblicken oder Kampfesrückblicken für eine unbefangene Betrachtung der Dinge ersprießlich ist.

Thema

Ein Doppeltes ist für das Problem des Erotischen kennzeichnend:

Einmal, daß es als Sonderfall innerhalb der physischen, psychischen, sozialen Beziehungen überhaupt betrachtet werden muß, und nicht nur so selbstherrlich für sich, wie es öfters geschieht. Sodann aber, daß es alle drei Arten dieser Beziehungen in sich noch einmal *aufeinander bezieht*, und sie damit zu einer einzigen, und zu *seinem* Problem, zusammenschließt.

Schon dem Untergrund allen Daseins eingewurzelt, wächst es dadurch aus immer dem gleichen reichen, starken Boden, bis zu welcher Höhe es sich auch erstrecken, zu einem wie machtvollen, den Raum raubenden Wunderbaum es sich auch entfalten mag, – um selbst da, wo ihm der Boden total verbaut wird, mit seiner dunklen, erdigen Wurzelkraft dennoch darunter zu beharren. Eben dies ist sein gewaltiger Lebenswert, daß, wie fähig es auch sei, breite Alleingeltung zu erlangen, oder hohe Ideale zu verkörpern, es doch darauf nicht angewiesen bleibt, sondern sich noch aus jeglichem Erdreich Kraftzuwachs saugen kann, jeglichen Umständen sich lebendienend anpaßt. So finden wir es bereits den fast rein vegetativ ablaufenden Vorgängen unsrer Körperlichkeit beigesellt, sich ihnen eng einend, und wenn es auch nicht, wie diese Funktionen, für das Dasein schlechthin bedingend wird, so doch auch auf sie noch den stärksten Einfluß übend. Daher bleibt ihm auch in seinen eignen höhern Stadien und Arten, ja auf der Spitze kompliziertester Liebesentzückungen noch, etwas von diesem tiefen, einfachen Ursprung unvertilgbar gewahrt: etwas von dieser guten Fröhlichkeit, die das Körperliche im unmittelbaren Sinn seiner Befriedigung als immer wieder neues, junges Erleben, gleichsam als Leben in seinem Ursinn, empfindet. Wie jeder gesunde Mensch sein Erwachen oder tägliches Brot, oder einen Gang durch die Frische der Luft, immer von neuem lust vollgenießt, als mit jedem Tage junggeboren, und wie man mit Recht beginnende Nervenzerrüttungen manchmal daran erkennt, daß sich in diese Alltäglichkeiten, Urnotwendigkeiten, plötzlich die Begriffe von »langweilig«, »eintönig«, überdrußerweckend hineinmengen, so ist auch im Liebesleben hinter und unter seinen sonstigen Beglückungen, immer die eine mitenthalten, die, unsensationell und untaxierbar, der Mensch mit allem teilt, was mit ihm atmet.

Das Animalisch-Erotische ist schon nicht mehr darauf allein beschränkt, indem das höhere Tier seine geschlechtliche Handlung durch einen Gehirnaffekt begleitet, der seine nervöse Materie in eine exaltierte Erregung bringt: das Sexuelle wird der Sensation, endlich der Romantik, entgegengestoßen, bis hinauf in deren feinst verzweigte Spitzen und Aufgipfelungen im Bereich des menschlich Individuellsten, was es gibt. Aber diese steigende Liebesentwicklung findet von vornherein statt auf einer steigend schwankenden Grundlage: anstatt des Ewiggleichbleibenden und -Gleichgeltenden, nun auf Grund jenes Gesetzes alles Animalischen, wonach die Reizstärke abnimmt mit ihrer Wiederholung. Das Wählerischere in bezug auf den Gegenstand und den Moment, – so sehr ein höherer Liebesbeweis, – wird bezahlt mit der Ermüdung an dem um so viel heftiger Begehrten, – mit der Begierde also nach dem Unwiederholten, nach der noch ungeschwächten Reizstärke: nach dem *Wechsel*. Man kann sagen: das natürliche Liebesleben in allen seinen Entwicklungen, und in den individualisiertesten vielleicht am allermeisten, ist aufgebaut auf dem Prinzip der Untreue. Denn die Gewöhnung, soweit sie das Gegenteil, eine dem entgegenwirkende Macht, darstellt, fällt, wenigstens ihrem groben Sinn nach, ihrerseits noch unter die Wirkungen der mehr vegetativ bedingten, wechselfeindlichen Körperbedürfnisse in uns.

Es ist jedoch das durchaus geistigere, will sagen: lebenskompliziertere, Prinzip, das zur Änderung und zu wählerischem Aufbrauch der Reize drängt, – es ist das sinnvoll gesteigerte Verhalten, das eben darum nichts weiß von jener Altersstetigkeit, Stabilität, der primitivem Prozesse, die diese für uns in manchen Beziehungen zu einer Basis machen von beinahe dem Anorganischen ähnlicher Sicherheit, – fast wie soliden Erd- oder Felsgrund. So ist es weder Schwäche noch Minderwertigkeit des Erotischen, wenn es seiner Art nach auf gespanntem Fuß mit der Treue steht, vielmehr bedeutet es an ihm das Abzeichen seines Aufstiegs zu noch weitern Lebenszusammenhängen. Und darum muß auch da, wo es in solche schon weiter einbezogen wird, ihm von dieser ungenügsamen Sensibilität vieles erhalten bleiben, grade so, wie es seinerseits sich nur begründet auf den ursprünglichsten Vorgängen des Organlebens. Ja, wenn schon diese, das »Allerleiblichste« in uns, nicht anders als mit ehrfürchtiger Unbefangenheit betrachtet werden sollen, so gebührt wahrhaftig eine gleiche Hochachtungsbezeugung auch dem Erotischen noch in seinen draufgängerischen Windbeuteleien: trotzdem man an ihnen nur das zu sehen gewohnt ist, was sie zum Sündenbock für jegliche Liebestragödie gemacht hat.

Derjenige Zusammenhang, worin das Erotische, zum mindesten im günstigen Fall, seine schlimmsten Unarten ablegt, ist in unserm geistigen Verhalten gegeben. Wo wir etwas in unsre Einsicht und Bewußtheit aufnehmen, anstatt nur in unser physisches oder seelisches Verlangen, da erleben wir es auch nicht bloß in der abnehmenden Reizstärke der Sättigung dieses Verlangens, sondern im steigenden Interesse des Verstehens, also in seiner Einzigkeit und menschlichen Unwiederholbarkeit. Daraus erst ergibt sich der volle Sinn dessen, was in der Liebe den Menschen zum Menschen drängt, als zum Zweiten, zum andern unwiederholbaren Ich, um in der Wechselwirkung mit ihm als Selbstzweck, nicht als Liebesmittel, sich erst zu erfüllen. Tritt erst damit die Liebe nun auch in ihre soziale Bedeutung ein, so ist doch klar, daß dies nicht für die Außenseite der Sache gilt: denn ihre Abfindung mit deren äußeren Konsequenzen, ihr unumgängliches Verknüpftsein mit dem Interessenkreis der Allgemeinheit, enthält ihre soziale Kehrseite auch schon auf ihren früheren Stufen. Hier aber liegt ihr innerster Lebenssinn frei: der geistige Grad von Lebendigkeit, dem gegenüber selbst der Trieb nach Wechsel noch als ein Mangel an innerer Beweglichkeit erscheint, da er solcher Anstöße von außen bedarf, um frisch ins Rollen zu kommen, während sie hier viel eher stören, ja aufhalten würden. Damit gewinnen Treue und Stetigkeit einen veränderten Hintergrund: in dieser Überlegenheit des Lebensvollsten, Lebenserschließendsten, liegen neue organisatorische Möglichkeiten nach außen vor, – eine Welt des Beharrendem wird wieder realisierbar, ein erneuter sicherer Boden für alles Werden des Lebens, – analog unserer physischen Basis und dem, was unser Organismus als das leibhafte Liebesendziel aus sich herausstellt im Kinde.

Mit seinen drei Stadien an sich ist jedoch das Wesen des Erotischen noch nicht vollständig umschrieben, sondern erst mit der Tatsache ihres gegenseitigen *Aufeinanderbezogenseins*. Aus diesem Grunde lassen sich Rangordnungen in seinem Bereich nur überaus schwer abgrenzen, und nicht als der klare Stufenbau, der sich theoretisch draus herstellen läßt, erscheint es, sondern als die immer wieder in sich gerundete, lebendig unzerteilbare Ganzheit. Mögen wir sie jeweils als größer oder kleiner abschätzen, wissen wir dennoch von Fall zu Fall nie, ob sie nicht auch da ihren vollen Gehalt umschließt, wo er ihr selber nicht einmal bewußt werden kann: etwa wie physiologisch das Kind dem vollen Liebeszweck entspricht auch da, wo noch dumpfe Unbewußtheit der Urzeiten es statt dem Sexualvorgang den fremdartigsten Dämonenursachen zuspricht. So muß hier die bisherige Erörterung insofern ergänzt werden, als auch das physische Moment im Erotischen, bis zuletzt alles beeinflussend, schon ebenfalls seinerseits von vornherein beeinflußt ist von den weiteren Momenten, die sich exakten Feststellungen entziehn: erst mit der *Totalergriffenheit* des Wesens ist das Problem gekennzeichnet.

Der sexuelle Vorgang

In der Welt der – sehr verhältnismäßig – undifferenziertesten Lebewesen vollzieht sich der Begattungsakt durch eine an sich selber so ungegliederte, runde kleine Ganzheit, daß sie fast ein Sinnbild für diesen Tatbestand abgeben kann. In der Konjugation der Einzeller (die auch deren Selbstvermehrung noch von Zeit zu Zeit zugrunde zu liegen scheint) verschmelzen die beiden Zellkerne, das Neuwesen bildend, total miteinander, und nur Unwesentliches an der Peripherie der alten Zelle löst sich absterbend dabei auf: Zeugung, Kind, Tod und Unsterblichkeit fallen noch in eins zusammen. Noch läßt sich das Kind für sein Elterntier nehmen, das Nächstfolgende für das Vorhergehende, ungefähr wie ein Stück für ein anderes im Bereich dessen, was wir das »Unbelebte« nennen. Sobald mit dem Fortschritt der Organgliederung die Konjugation ihre Totalität einbüßt und nur noch partiell zustande kommen kann, klafft der Widerspruch aber in seiner ganzen Schärfe auf: was das Leben erhält, bedingt zugleich den Tod. Öfters so unmittelbar, daß beide Vorgänge doch noch wie ein und derselbe erscheinen, wenn auch sich vollziehend an zwei Wesen als an zwei Generationen. Wo endlich die Differenzierung im Einzelwesen noch unwiederholbarer weit geht, und die Erzeuger also keineswegs in ihrem Zeugungsprodukt tatsächlich überleben, scheidet der Tod aus dem unmittelbaren Bunde aus, indem das Tier sich nur noch indirekt mit seiner eigenen entwickelten Leiblichkeit am Geschlechtsvorgang beteiligt. Das heißt, indem es nur dasjenige von sich drangibt, was es selber schon erblich empfangen und nicht in seine Einzelentwickelung aufgesogen hat: das Geschlecht wird sozusagen unter dem Tisch weitergegeben.

Damit wäre der Prozeß am möglichst entgegengesetzten Ende seines Ausgangs angelangt, und der ganze Selbsterhaltungstrieb, der ursprünglich das Zellkernchen so zeugerisch-erfinderisch erscheinen läßt, hätte sich, gewissermaßen fast pervers, emanzipiert aus dem, was, ursprünglich ein anspruchlos Unwesentliches geblieben, an der Zellperipherie wegstarb. Aber von den Geschlechtszellen selber werden all diese großen Umwälzungen von Urzeiten her einfach ignoriert, grade als beherrschten sie nach wie vor das gesamte Lebensreich, und nicht nur eine kleinste und immer noch mehr verkleinerte Einzelprovinz darin. Denn indem sich in ihnen alles zusammenfindet, woraus auch ein Individuum von dieser großen Differenziertheit sich wieder aufbauen kann, tragen sie nicht nur an sich selber noch unverändert den gleichen Totalitätcharakter, sondern prägen ihn auch ihrer temporären Einwirkung auf den Körper auf, der sie in sich beherbergt.

Aus solchen Einflüssen mag es wohl stammen, wenn grade die primitivste Verbindungsart zwischen Lebewesen, die Totalverschmelzung der Einzelligen, so wunderlich gleichnishaft dem entspricht, was sich in den höchsten Liebesträumen der Geist unter vollem Liebesglück vorstellen möchte. Und deshalb wohl fühlt Liebe sich so leicht umschwebt von einem Sehnen und Todesbangen, die sich voneinander kaum ganz klar unterscheiden lassen, – von etwas, wie einem Ur-Traum gleichsam: darin das eigene Selbst, der geliebte Mensch, und beider Kind noch eins sein können, und drei Namen nur für dieselbe Unsterblichkeit. Andrerseits liegt hier der Grund für den Kontrast zwischen dem Gröbsten und dem Verklärtesten, der den Liebesdingen eignet, und bereits an Tieren humoristisch auffallen kann, wenn sie ihre sexuelle Notdurft zu verbinden imstande sind mit der empfindsamsten Hypnose. In der Menschenwelt bleibt es nicht immer beim Humor der Sache in diesen Schwankungen von derb zu übergefühlvoll. Ein dunkles Begreifen hiervon bedingt auch die spontane, tief instinktive Scham, die ganz junge unschuldige Menschen der geschlechtlichen Verbindung gegenüber fühlen können: einer Scham, die weder ihrer Unerfahrenheit noch gut gemeinten Moralreden verdankt wird, sondern dem Umstand, daß sie mit ihrem Liebesdrang die Ganzheit ihrer selbst meinten, und der Übergang von da zu einer körperlichen Teilhandlung sie verwirrt, – fast wie vor der heimlichen Anwesenheit eines Dritten, Fremden: eben des Körpers als einer Teilperson für sich, – so, als seien sie einander kurz zuvor noch, in der hilflosen Sprache ihrer Sehnsucht noch, beinahe näher, totaler, unvermittelter, nahe gewesen.

Das Sexuelle selbst strebt indessen Kontraste und Widersprüche möglichst in sich aufzulösen, mit denen es durch die Arbeitsteilung der Funktionen beirrt wird. Rastlos vergesellschaftet es sich allen Trieben,

deren es irgend habhaft werden kann. Anfänglich vielleicht dem Freß-
trieb am verwandtesten, der als ein frühest herausgebildeter sich ebenfalls
noch auf alles bezog, läßt es ihn bald als schon zu spezialisierten hinter
sich. Wenn heute noch Liebende versichern, daß sie einander vor Liebe
auffressen möchten, oder wenn arge weibliche Spinnen es mit ihrem
bedauernswerten kleinen Spinnerich noch wirklich tun, so findet ein so
beängstigender Übergriff nicht vom Fressen aufs Lieben, sondern umgekehrt statt: das geschlechtliche Verlangen als die *Totalkundgebung* ist
es, die alle gesonderten Organe in seine Aufregung mit hineinreißt. Das
gelingt ihm auch ganz leicht. Stammen sie doch sämtlich, sozusagen,
aus der gleichen Kinderstube wie die Bewohner der Sexualorgane, hätte
doch schließlich jedes von ihnen »Geschlechtszellchen« spielen können,
wenn nicht der Hochmutsteufel sie in eine so weitgehende Differenzierung hinein verstrickt hätte. Drum klingt die Erinnerung, womit das
Sexuelle sich ihnen aufzudrängen weiß, mächtig in ihnen an, sie verges-
sen, wie herrlich weit sie es inzwischen gebracht, und hängen, mehr als
es für ein richtiges, gebildetes Organ der höhern Tiergattungen statthaft
ist, einer unvermuteten Sehnsucht nach der guten alten Zeit der ersten
Bildungen und Scheidungen im Mutterei nach.

Auf einer solchen – auf menschlichem Gebiet würde man sagen:
sentimentalen – Anwandlung von Rückständigkeit beruht die unendliche
Allgemein-Erregung des Geschöpfes, die der geschlechtliche Vorgang
auslöst. Und je mehr er selber im Laufe der Entwicklung gleichsam in
die Ecke gedrückt, zu einem Sondervorgang wird, desto stärker nur
wächst im selben Grade die Bedeutung seines Gesamteinflusses auf das
übrige, denn was da stattfindet: das Ineinanderfließen zweier Wesen im
erotischen Rausch, das ist nicht die einzige, und vielleicht nicht einmal
die eigentliche Vereinigung dabei. Vor allem sind wir es selber, in denen
alle Sonderleben Leibes und der Seele wieder einmal in gemeinsam
empfundener Sehnsucht ineinanderflammen, anstatt so interesselos,
gegenseitig kaum Notiz nehmend, für sich hinzuleben, wie Glieder einer
großen Familie, die nur an Gedenktagen noch wissen, daß sie »Ein
Fleisch und Blut« sind. Zu je komplizierter geartetem Organismen wir
aufsteigen, desto größere Fest- und Jubeltage werden solche Erlebnisse
naturgemäß sein, die unter dem Einfluß und Aufwand des Keimolasma,

wie eines Großonkels aus Amerika, auf einmal alles allarmieren bis in die verborgensten Extrawinkel unseres Seins, zu einer prunkvollen Herkunfts- und Geschlechterfeier.

So sagt man auch mit gewissem Recht: Liebe beglücke immer, auch die unglückliche – wenn man nur diesen Ausspruch genügend unsentimental faßt, nämlich ohne Berücksichtigung des Partners. Denn obgleich wir von ihm sehr erfüllt zu sein scheinen, sind wir es doch namentlich von unserm eignen Zustand, der uns, als ein typisch berauschter, garnicht recht fähig macht, uns, mit was es auch sei, sachlich zu befassen. Nur erregender Anlaß ist der geliebte Gegenstand dabei: nur so, wie ein Klang oder Duft von außen, ganze Welten wirkend, sich in einen nächtlichen Traum verfangen kann. Liebende schätzen ihre Zusammengehörigkeit auch ganz instinktiv nach diesem Einen ab: dem gegenseitigen geistigleiblichen Produktivwerden in sich selbst, das sie aneinander konzentriert und entlastet in gleicher Weise, wie es im Liebesakt von Körper zu Körper geschieht. Werden sie statt dessen den verdächtigen Lobpreisungen des andern allzu sachlich zugänglich, so gibt es schnell den bekannten unsanften Sturz aus den Wolken der Verhimmelung, den jeder erfahrenere Mensch für alle Verliebten kopfschüttelnd vorauszusagen pflegt, und wobei die arme Liebestorheit, soeben noch mit Goldflittern zur Prinzessin herausgeschmückt, sich als Aschenbrödel wiederfindet. Im Flitterkleid vergaß sie, daß nur die Dankbarkeit für des andern eigene Wesenbeseligung es ihr umhing, ja daß vielleicht, unbewußt, sogar immer etwas dran hängt von überreichlichem Gutmachenwollen jener erotischen Selbstsucht, die nur sich selbst darin feierte. Und die dazu zwischen sich und den andern, wie einen goldnen Schatten, das unfaßbare Geistergebilde stellte, das erst den Mittler darstellt von ihr zu ihm.

Das erotische Wahngebilde

Nun ist es interessant zu sehn, wie grade an diesem Punkt das Thema des Erotischen am stiefmütterlichsten behandelt wird. Allerdings enthält diese Geistesbeteiligung am Liebesrausch so viel – Rausch, so deutliche

Symptome der Trunkenheit, daß kein Ausweg zu bleiben scheint, als sie auf romantisches Terrain abzuschieben, oder als einigermaßen pathologisch zu beargwöhnen. Dieser wunde Punkt an der ganzen Geschichte wird meistens nur so berührt, wie wenn die Narrenkappe, die unser Verstand hier zeitweilig aufsetzt, davon abhielte, seinen Zustand selber ernst zu nehmen. Im allgemeinen begnügt man sich damit, die Sexualität unter die Lupe zu halten wie sie lokalisiert erscheint in den niedern Hirnzentren, und dann ihr das Gefühlsmaterial unerotischer Art anzugliedern, das, Gott sei Lob und Dank, sich allmählich ja auch mit ihr zusammentut, wie etwa Wohlwollen, Güte, Freundschaft, Pflichtbewußtsein und ähnliches, Diese alle werden durch die ins Kraut schießende berauschte Überschätzung nicht einmal gefördert, im Gegenteil steht sie der Liebe als einer sozialen Nutzpflanze zunächst nur hinderlich im Wege.

Aber etwas Menschlichstes am sexuellen Erleben geht leer aus, wenn die menschliche Verrücktheit dabei gar zu sehr als quantité négligeable abgetan wird. An den urteilstollsten Ergüssen von Liebenden aller Zeiten und Völker ergänzt sich uns erst das volle Material dessen, was der Mensch kraft seines mitfiebernden Intellekts aus dem Sexus gemacht hat: und erst dann, wenn wir es weder selber romantisch betrachten, noch auch mit halbwegs medizinischem Interesse.

Denn es enthält ja die geistige Sprache dessen, was seit Urweltstagen das Geschlecht auszudrücken bemüht gewesen ist in körperlicher Deutlichkeit als seinen einzigen Sinn: daß es das Ganze nimmt und gibt. Die Revolution der Geschlechtszellen, die diese allmählich nur noch allein ganz Mitbeteiligten in der übrigen Physis anrichten, der Aufstand dieser Rückständigen, Freigeborenen, – gleichsam unsres Ur-Adels, – im wohlgeordneten Körperstaat, kommt darin dem Geist zu Gehör. In ihm, als dem Obersten, dem zusammenfassenden Organe über der Vielfältigkeit der andern, kann ihr selbst herrlicher Wille seinen Wiederklang finden, – ja, das bloße Dasein des Geistes schon verwirklicht in etwas ihre anspruchsvollen Wünsche, insofern sie von ihm aus erst wieder als einheitliche Macht auf alles zurückstrahlen, und sei es auch einstweilen nur als ein Scheinfeuerwerk: als Illusion.

Es begreift sich, warum sogar noch Schopenhauer einen tiefen Griff in seinen metaphysischen Sack tat, um diese Liebesillusion als eine der verschmitztesten Mausefallen seines »Willens zum Leben« zu verfehmen, mitsamt ihrem blendenden Köder darin: man fühlt förmlich die Wut aller Düpierten heraus. Denn allerdings, von dem Augenblick an, wo das Geschlechtliche einfach eingereiht ist als ein Einzelprozeß unter die vielen sonstigen im hochorganisierten Körper, muß die brennend eifrige Gesamtergriffenheit gewissermaßen ins Leere ausschwingen. Sie kann nur noch Luxussache sein um die geschlechtlichen Tatsachen herum, sozusagen Lock- und Verführungsarbeit, die das Notwendige und Wirkliche dran umkleidet und schmückt mit einem vergeuderischen Überfluß, den ihr keine Wirklichkeit je zurückzahlt. Und dennoch unterliegt sie damit nicht lediglich einer Selbstbetrügerei, wie viele andre sie auch unwillkürlich mitbetrügen mag: sie versucht nur zum erstenmal mit rein geistigen Mitteln sich einen eigenen Weg, einen Geistesweg, durch die körperlichen Bedrängnisse zu bahnen bis in irgend ein verlornes Paradies. Darum erleben wir sie um so gewisser, je echter eine Liebe in uns ist, und mischt sich erst unsre ganze Hirnkraft helfend ein, dann nur um so verrückter.

Nicht selten liegt im ganzen Verhalten von Liebenden gegeneinander ein wenig von dieser Ahnung ausgedrückt, dem andern doch nur verklärt, verhüllt, sichtbar zu sein, und – ohne jede Pose oder Absicht – ein gleichsam davon gebanntes Eingehen auf sein Traumbild. Gewisse Dinge, die schönsten, lassen sich eben, sozusagen, nur stilisiert, nicht rein realistisch, in ihrem vollen Sein erleben, wie wenn in ihnen eine ungeheuer dichterische Fülle nur mit Hilfe einer um so gehaltenem Form aufgenommen werden könnte: von ehrfürchtiger Schönheitssehnsucht angeordnet, worin man mit mehr Zurückhaltung als je, mehr Rückhaltlosigkeit als je, in einer ganz neuen Wesensmischung also, sich gibt. In dieser wahnvermittelten Wirkung doch von bindenderm Einfluß aufeinander als alle tatsächliche Abhängigkeit je zustande brächte; denn bleibt der andere damit für uns auch »draußen«, außerhalb von uns, – nur eben unsern Wesensumkreis fruchtbar anrührend, – so geht doch von solchem Punkt aus erst die ganze übrige Welt uns auf, er wird uns zum eigentlichen Vermählungspunkt mit dem Leben, diesem sonst nie ganz innerlich einbeziehbaren Außen der Dinge: er wird das Medium, wodurch das Leben für uns beredt ist, die grade unsre Seele treffenden Laute und Akzente findet. Lieben heißt im ernstesten Sinn: Jemanden wissen, dessen Farbe die Dinge annehmen müssen, wenn sie bis ganz zu uns gelangen wollen, so daß sie aufhören gleichgültig oder schrecklich, kalt oder hohl zu sein, und selbst die drohendsten unter ihnen, wie böse Tiere beim Eintritt in den Garten Eden, sich besänftigt uns zu Füßen strecken. In den schönsten Liebesliedern lebt etwas von dieser mächtigen Empfindung, als sei das Geliebte gar nicht nur es selbst, sondern auch das Blatt noch, das am Baume zittert, der Strahl noch, der auf dem Wasser erglänzt, – verwandelt in alle Dinge und Verwandlerin der Dinge: ein Bild, zersprengt in die Unendlichkeit des Alls, damit, wo wir auch wandeln mögen, es in unsrer Heimat geschehe.

Deshalb fürchtet man so berechtigt eines Liebesrausches Ende durch das allzu gründliche Sichkennenlernen, deshalb beginnt jeder echte Rausch mit etwas wie einem schöpferischen Ruck, der Sinne und Geist in Schwingung versetzt. Deshalb eine bei aller Beschäftigung mit dem andern doch nur geringe Neugier, wie er wohl eigentlich »ist«, und selbst bei weit übertroffenen Erwartungen, die einen Bund nach allen Seiten gefestigt und vertieft haben, unter Umständen doch eine starke Enttäuschung bloß deshalb, weil der Spielraum nicht mehr vorhanden ist, um sich zum andern schaffend dichtend, »spielend« zu verhalten. Ganz kleine Reizbarkeiten heften sich damit oft an eben dieselben kleinen Züge, die ehemals dazu im besondern anregten und drum besonders entzückten: daß sie uns nun hinterher nicht wenigstens gleichgültig lassen können, vielmehr irritieren, erinnert noch an die Tatsache, einer wie fremden Welt unsre Nerven damals entgegenzitterten, – einer wie fremdgebliebenen.

Erotik und Kunst

Am meisten erkennen wir von den letzten, eigentlichen Antrieben des Erotischen, sobald wir es in Vergleich ziehn mit andern starken Phantasieentbindungen, insbesondere den kunstschöpferischen. Sicherlich liegt hier eine tiefe Verwandtschaft vor, – man möchte fast sagen, eine Blutsverwandtschaft, dadurch, daß auch im künstlerischen Verhalten ältere Kräfte mitwirksam werden und sich unter den individuell erworbenen mit einer leidenschaftlichen Erregung durchsetzen: beide Male geheimnisvolle Synthesen von Einst und Jetzt enthaltend als das Grunderlebnis, beide Male den Rausch ihrer heimlichen Wechselwirkung. Auf diesen dunklen Grenzgebieten ist die Rolle, die auch in diesem zweiten Fall das Keimplasma selber spielen mag, noch wenig, fast gar nicht, erforscht; daß aber Kunsttrieb und Geschlechtstrieb so weitgehende Analogien bieten, daß ästhetisches Entzücken so unmerklich in erotisches übergleitet, die erotische Sehnsucht so unwillkürlich nach dem Ästhetischen, dem Schmuck, greift (der Tierheit möglicherweise direkt leibesschöpferisch ihren Schmuck anschuf), das scheint ein Zeichen geschwisterlichen Wachstums aus der gleichen Wurzel. Es scheint das nämliche Emporsteigen zu bedeuten unausgegebenen Urlebens bis in alles Persönlichste, die gleiche Heimkehr gewissermaßen der zerstreuten Sonderkräfte in die erdwarmen Tiefen zurück, worauf alles Schöpferische überhaupt beruht und wodurch das Geschaffene als lebendige Ganzheit geboren zu werden vermag. Und läßt sich schon das Sexuelle eine Wiedererweckung von Urältestem nennen, von dessen leiblichem Gedächtnis, so wird es für den künstlerisch Schaffenden ebenso wahr, daß gleichsam Erbweisheit in ihm persönlichste Erinnerung werden muß, Assoziation mit seinem Gegenwärtigsten, Eigensten, eine Art Weckruf aus dem Schlafe des Gewesenen durch den Aufruhr der Stunde.

Beim künstlerischen Vorgang aber hat in diesem Aufruhr die physische Erregung in der Gesamtergriffenheit nur den Zweck eines Begleitmoments, indem das Resultat selber als ein Gehirnprodukt allerindividuellster Verknüpfung heraustritt; beim Sexuellen dagegen lassen umgekehrt die physischen Vorgänge die geistige Exaltation nur als ein Nebenher mitschwingen, – um kein anderes »Werk«, als um eines Kindes leibliche Existenz bemüht. Aus diesem Grunde bringt das Erotische so weit mehr als das Künstlerische seinen Rausch in bloßen Wahnbildern, in so viel »unwahrem«, zum Ausdruck. Auch im Künstler bricht wohl sein besonderer Zustand jeweils durch den der Norm hindurch, wie eine Anomalie, eine Vergewaltigung des Gegenwärtigen, festgeordnet Gegebenen, durch das erregende Ineinanderwirken von Vergangenheits- und Zukunftsansprüchen in ihm. Allein dieses »inwendige Liebesverhalten«, das auch *sein* Köstlichstes ist, findet sowohl seine letzte Erklärung wie seine schließliche Erfüllung auf geistigem Boden, sammelt und erledigt sich mehr oder minder restlos in seinem Werk, während der erotische Geisteszustand, weil dieser rechtfertigende Abschluß ihm fehlt, als eine besondere Art von Verschrobenheit, jedenfalls als Unnormalität, in das Getriebe des übrigen Lebens eingereiht bleibt.

Obgleich deshalb der Künstler viel ungebundener phantasieren kann als der Liebende, nicht eingeengt durch dessen Lebensbeziehungen zu einer praktisch sich aufdrängenden Wirklichkeit am Geliebten, so unterstellt tatsächlich doch nur er, der Schaffende, seine Phantasien einer solchen: erschafft nur er das Neuwirkliche aus dem Vorhandenen, während der Liebende es nur machtlos mit seinen Erfindungen beschenkt. Anstatt an der erreichten Harmonie des herausgestellten Werks ausruhen zu können, wie die Künstlerphantasie es darf, geht deshalb die Dichtung der Liebe unvollendet durch das ganze Leben, suchend und schenkend, und in ihrem Außenwerk tragisch insofern, als sie sich von der physischen Gegebenheit ihres Gegenstandes in ihrem Denken weder freimachen, noch auch sich darin begrenzen kann. Die Liebe wird dadurch das Leiblichste wie auch das scheinbar Spiritualistischeste, Geisterglaübigste, was in uns spukt; sie hält sich ganz und gar an den Körper, aber ganz und gar an ihn als Symbol, als leibliche Zeichenschrift für alles, was sich durch die Pforte der Sinne in unsre Seele einschleichen möchte, um sie zu wecken zu ihren vermessensten Träumen: überall infolge davon dem Besitz die Ahnung von Unerreichbarem beimischend, überall Erfüllung und Entsagung verschwisternd als nur dem Grade nach unterschieden. Daß Liebe uns schöpferisch macht über unser Vermögen hinaus, das macht sie zu einer solchen Gestalt der Sehnsucht nicht nur zwischen uns und dem von uns erotisch Ersehnten, sondern allem Hohen noch, dem wir darin entgegenträumen.

Während noch im Kunstschöpferischen die körperliche Miterregung beim Geistesschaffen als ein belangloses Nebenher ohne weiteres abklingt, verhält es sich im Erotischen, im Leibesschöpferischen deshalb nicht mehr ebenso. Der geistige nebenherschwingende Überschuß fällt gleichsam in einen neu angeschlagenen Grundton ein, indem er allen Sehnsüchten nach dem unklar Unaussprechlichen das Wort redet. Es ist, als ob etwas schon einfach dadurch, daß es sich bis zur Geistigkeit individualisiert hat, sein Merkmal daran erhielte, sich nicht länger als bloßes Nebenwerkzeug oder Begleitmittel abtun zu lassen, sondern nunmehr von sich aus immer wieder organisierend vorgehn zu müssen, und gelte es selbst die noch unsichtbarste, unvorhandenste Welt mit seinem Atem zu beleben.

Idealisation

Die Frage läßt sich hier aufwerfen, welche Bewandtnis es eigentlich hat mit diesem ganzen Idealisationsdrang, der so zutiefst zu stecken scheint grade in den schöpferischen Vorgängen. Und ob er nicht in der Tat ein wesentliches Moment ihrer Verwirklichungen bildet, sofern sie als Synthese anzusehen waren von außen und innen, Entferntestem mit Nächstem, Weltinhalt und Selbstgehalt, Urgrund und Gipfelung.

Auch wo es sich nicht um solche ausnahmsweisern Vorgänge handelt, sondern um unsre Alltagsexistenz, beruht die bloße menschliche Tatsache unsrer Bewußtheit auf einer ähnlichen Unterlage: dem gleichen Zusammenfassenmüssen einer Gegenüberstellung von Welt und Selbst, außen und innen, die darin bereits mitgegeben ist. Die Spannweite dieses Zusammenfassens allein unterscheidet das menschlich Erreichbare von dem des Tieres. Soweit sich das Lebensbewußtsein steigert, tut es gleicherweise dieser Prozeß: entsprechend Tiefergelegenes, Fernwirkenderes umgreifend, und angenähert damit dem von uns im engeren Wortsinn schöpferisch genannten Verhalten. Bis dann ein Gegenüber von so durchschlagender Bedeutung überwunden, bis es zu so fruchtbarer Einheit entladen wird, als würden gewissermaßen noch einmal Weltwerden und Ichgeburt erfahren, durchlebt, – was allein dem von uns Geschaffenen seinen eigenlebenden Kern einsenkt, anstatt bloß abgeleiteten Scheindaseins und Oberflächenwesens.

In demselben Maße nun, als dergleichen geschieht, bemerken wir die idealisierende Tätigkeit in vollem Gange. Der Liebende wie der Schaffende, der im Kinde wie im Geisteswerk Schöpferische, sind kenntlich an ihren naiven, sachlich ganz untaxierbaren Entzückungen. Das erwähnte Gegenüber, um je Bedeutsameres es vertritt um desto mehr, kann sich sichtlich nur infolge einer solchen gegenseitigen Erhöhung auf gemeinsamem Boden finden, nur auf so gesteigertem Niveau seine Ansprüche und Fremdheiten ausgleichen, und die Veranlassung: das erhöhte Lebensgefühl selber, bedingt ein solches Vorgehn auch schon ganz unmittelbar. Es ist, als müßte dadurch eine Art Zuweihung stattfinden, dessen, worin beide Parteien zum Bündnis zueinandertreten, so daß sie, geeint, dazustehn scheinen, wie auf »heiligem Grund«. Als wäre, was wir »Idealisieren« nennen, sozusagen ein primärster Schöpfungsakt der Geschöpfe, etwas von ihrer allerersten selbständigen Wiederholung, Fortsetzung allen Lebens, – und auch daher nur so früh, sogar im körperlichen Paarungstrieb schon, vorauswirkend mit den ersten Spuren von Hirntätigkeit überhaupt. Und als entstiege um deswillen daraus der große Jubelrausch des Daseins, wie Vogel jubelstimmen am Morgen, wenn die Sonne aufgehn will über einem neuen Schöpfungstag, – denn keine drei Dinge weiter auf Erden gibt es, die so tief miteinander zu tun hätten wie diese drei: Schaffen, Anbetung und Freude.

Tastet man sich an das Dunkel der menschlichen Ursprünge heran und der Menschheit Vorzeit, dann stößt man als auf die letzten erkennbaren Punkte auf religiöse Äußerungen. Das, worin ihr soeben erwachtes Bewußtsein, plötzlich einer Außenwelt gegenübergestellt, sich mit dieser zusammenschließt, ist immer in irgend einer Form der Gott. Er ist es, der die Einheit von neuem gewährleistet, aus der sich dann die unterschiedlichen Bestrebungen der beginnenden Kultur erst ergeben können. Das Bewußtwerden an sich aber ist, gegenüber der mangelhaft geweckten bloß-tierischen Selbstbesinnung, eine dermaßen hohe Lebenssteigerung, daß man begreift, wie es aus allen, sich damit plötzlich auftuenden Nöten und Hilflosigkeiten, dennoch als erste menschliche Urschöpfung eine gotthafte hob. Denn das bedeutet nichts Geringeres, als daß die entscheidende Waffe im Lebenskampf nicht mehr lediglich die rein stoffliche der vielfach an Kraft so überlegenen Tierheit war, sondern *ein Phantasieakt*. Nicht zwar als entwaffnende Unterschätzung des faktisch gegebenen Fremdfeindlichen, eher als seine Überschätzung ins

Ungreifbare zauberstarker Wirkungen, – aber doch nur, insofern gleichzeitig auch die menschliche Kraft vertiefter sich bewußt werden fühlt: sich fühlt, als nicht gleichdeutig mit der bloßen Stofflichkeit des Sichtbaren. Und deshalb, in allem Drang der Gegnerschaft, ist der Kampf nicht mehr nur das momentane Beutesuchen, sondern, damit zugleich, auch ein Erfassen der Einheit mit dem Umlebenden, darin das Tier noch ohne weiteres wurzelt; – ein Versuch, diese Einheit im Gotthaften, Zaubererhöhten zu erfahren. Ja, noch im Blut, das vergossen, im Fleisch, das verschlungen wird, schließt der Mensch, Kräfte tauschend mit dem Feinde, etwas von einem solchen Bund, von einer religiösen Vermählung; indem er Tatsachen als vorhanden voraussetzt, doch eben damit sie als seine Zukunft setzt, feiert er, zum erstenmal hungernd und dürstend auf eine neue Weise, das Abendmahl seiner geistigen Erlösung vorweg.

Nur weil dieser innere Zwang die Dinge zu steigern, zu idealisieren, schon im primitivsten Sinn: »schöpferisch sich verhalten« bedeutet, nur deshalb finden wir ihn auf den Gipfelpunkten menschlicher Betätigungen überall wieder zurück, auslaufend schließlich in die feinsten Spitzen menschlichen Erlebens. Aus diesem Grunde trägt unsre höchste Produktivität den eigentümlichen Charakter, daß sie sich fast mehr wie Empfängnis anfühlt, als wie die letzte Zuspitzung unserer Selbsttätigkeit, und daß unsern äußersten Leistungen ein Hingegebensein innewohnt an Werte über uns hinaus. Wo wir ganz Herrscher über das Leben sind wie niemals sonst, sind wir am allernächsten einer Weihestimmung und Andacht: denn dies sind nicht so sehr Arten eines besondern Erlebens, als letzte Akzente seiner Intensität an sich. So, als würde, auf dem Weg zu immer fruchtbarerer Entladung, immer schaffenderm Sein, unser Selbst steril, wenn es sich nicht auf seinen Gipfelpunkten geheimnisvoll von neuem geteilt fühlte in die ursprüngliche Zweiheit seiner Basis, die allein seine Einheit verbürgte. So, als ob etwas von den Sinnbildern uranfänglicher Gottheit, unter tausend wechselnden Verkleidungen und Verfeinerungen, hindurch ginge durch alles noch, Weggenosse allen Menschen und Zeiten: als ob die Schöpferkraft selber nur sei die Kehrseite einer Anbetung, – und das letzte Bild für alles Geschehen eine vermählende Befruchtung und Empfängnis.

Erotik und Religion

Daß Religion zu demjenigen gehört, was am verschiedenartigsten definiert, dessen Wesen von jeher auf die widersprechendsten Weisen erklärt wird, mag wohl an diesem Grade liegen, worin sie ihrem Grundaffekt nach eins ist mit unsern intimsten Lebensaffekten überhaupt, – mit solchen innern Tatsachen, durch die wir selber stehn und fallen: die ebendeshalb nicht die Distanz zu sich freizugeben scheinen, welche theoretische Feststellungen erst ermöglicht.

So ist auch das Erotische dem Religiösen zunächst unmittelbar einverleibt und dieses ihm, auf Grund jener Lebenssteigerung an sich schon, der Innen und Außen fruchtbar erregend zum Bewußtsein gelangen, – wobei sich diese vermählende Kraft, diese erhöhte Lust des Lebens, Wollens, zur engern leiblichen oder geistigen Wollust spezialisiert hat. Der Zusammenhang zwischen ihnen wäre demnach der gleiche wie mit allen sonstigen menschlichen Betätigungen, an denen die Umfärbung des Religiösen nur an deren Basis oder deren Gipfel noch die ursprüngliche Grundfarbe erkennen läßt. Besonders eng verknüpft erscheint das Sexuelle den religiösen Phänomenen aber insofern, als das Schöpferische seines Vorgangs so früh, im Leiblichzeugerischen, sich schon durchsetzt, und dadurch dem rein körperlichen Taumel bereits seinen Charakter einer Allgemeinsteigerung gibt: etwas wie eine vorweggewährte Geistigkeit. Und hat so, zum sexuell Affektiven, der Geist seine Gehirnreize herzuleihn, so sind andrerseits in der religiösen Inbrunst, wie in jedweder starken psychischen Tätigkeit, die tonischen Reize des Körpers mitwirksam: zwischen beiden liegt die gesamte menschliche Entwickelung ausgebreitet, dennoch klafft nichts, – ihre Vielheit schließt sich von Einheit zu Einheit, und Anfang und Ende umfassen einander darin. Denn auch religiöse Inbrunst existierte nicht, ohne die sie tragende Ahnung, daß das Höchste, was wir träumen, aus unserm irdischesten Erdboden hervorkeimen kann. Deshalb verbindet der Religionskult der Vorzeit sich dem Sexualleben noch so viel länger und tiefer, als den übrigen Lebensäußerungen, und selbst in den sogenannten Geistesreligionen (»Stifterreligionen«) überlebt dieser Zusammenhang stets noch irgendwo.

Allein religiöse und erotische Inbrunst laufen außerdem noch in einer besondern Art parallel, an der aller beider Wesen sich ziemlich weitgehend verdeutlicht: und zwar nach Seite ihrer gedanklichen Auslassungen. Wie vom Erhabenen zum Lächerlichen nur ein Schritt ist, so könnte man, mit allem schuldigen Respekt und Staunen vor den Gedankenleistungen der großen Religiösen, finden, daß der nüchternen Beobachtung der Wirklichkeit gegenüber, die Denkwelt im religiös Affizierten nach einer Richtung hin eine verhängnisvolle Ähnlichkeit aufweist mit den überschwänglichen Vorstellungen in der Phantasie des Liebenden: sowohl ihrer Schaffensmethode wie ihrem wunschhaften Inhalt nach. Mit dem, ihrem Gegenstand angemessenen, ungeheuren Unterschied allerdings in der Wertung davon: denn auch die feurigste Liebe verlangt und erwartet nicht vom unbeteiligten Blick aller, daß er nur mit ihren eigenen, den hellseherisch-blinden, Augen sehen soll, während der religiöse Glaube auf die überwältigende Wahrheit seines Gottesbildes für alle den vollen Nachdruck legt. Nicht etwa, wie man gern hört, aus purer engherziger Unduldsamkeit, sondern aus der innersten Nötigung und dem alleinigen Sinn seines Wesens selber. Und zwar ist es der Fall trotz des zweiten Unterschiedes: trotzdem er aus noch viel ungehemmterer Subjektivität die Umrisse seines Bildes entwirft. Wo der Liebestrieb doch immer noch mit seiner Illusionsbildung gefesselt bleibt an einen Gegenstand der Wirklichkeit, oder wo im Künstlerschaffen etwa, auch noch die freierfundensten Gebilde zugleich doch einen Maßstab abgeben müssen ihrer eigenen Verwirklichung, – da projiziert der Religiöse seine Vorstellungen, ohne sie weder im Ursprung noch im Ziel positiv »bewahrheiten« zu müssen, mit unbehinderter Seelengewalt aus sich heraus, und damit so überlebensgroß wirkend an alle Himmel.

Infolgedessen kehrt sich bei diesem Gefühlserfüllten, bei dem man es als am wenigsten angemessen empfindet, am allermeisten grade die theoretische Seite seiner Glaubensunterstellungen so stark in den Vordergrund, ganz besonders weithin sichtbar, ganz besonders anspruchsvoll. Seine verschiedenen Annahmen, unkorrigierbarer als irgendwelche andren, weil unassozierbarer irgend etwas anderm, müssen sich zuletzt immer starrer ausbauen zu einer Welt völlig außerhalb aller übrigen Dinge.

Allein es liegt doch nur ein scheinbarer Widerspruch darin: um sich so souverän auszusprechen, muß das Religiöse seine Denkwelt freilich so von allem isolieren; – dennoch ist diese seine Souveränität selber doch nur ein Reflex jener Allseitigkeit und Ursprünglichkeit seiner praktischen Bedeutung für alles, wonach nichts ohne sie ist, und sie selber gleichsam mitwirkend in jedem, jegliches in der Tiefe begründend, in der Höhe des Erreichten krönend. Das scheinbar Widerspruchsvolle ergibt nichts, als nur die Tatsache, wie wenig Leben sich in seiner eignen Theoretisierung einfangen läßt, wie am allerschiefsten, allerverzeichnetesten es grade in dem Bilde herauskommen muß, dem es in seiner höchsten Lebendigkeit zu Modell gesessen hat. Der Glaube hat dafür die tiefsinnige Formel, daß Gott nur erkannt werden könne im unmittelbaren Erleben seiner selbst, und ein Wahrheitsgrad, wie er ihm etwa anderweitig zugesprochen würde, ihn um nichts »wahrer« für uns zu machen imstande sei. Ist im Grunde schon jegliches, was der Gedankenabtastung stillhält, eben insofern bereits dem Leblosen vergesellschaftet (wie am vollständigsten im wissenschaftlich sezierbaren Objekt), so wird das quellennaheste Leben am unerfaßbarsten durch die engsten Gedankenmaschen noch hindurchrinnen. Was immer wieder neu ist, neu da ist, muß alles Fixierte immer wieder hinter sich zurücklassen, es von sich selber sondernd: nicht nur, weil es ihm nur noch teilweise entspricht, sondern weil es von vornherein abgefallene Hülse, überlebte Schlacke, gleichsam Petrefakt schon im Entstehen ist.

Darum ist der Wahncharakter der Vorstellungen, wie beim Religiösen, so auch im Erotischen, an sich kein zu vertilgender Fehler dran, vielmehr ein Ausweis für den echten Lebens-Charakter selbst. Nur daß der physisch bedingte Überschwang des Liebenden gewissermaßen dem vollen geistigen Erleben seine Bilder vorauswirft: bizarr, drollig, rührend, erhebend, eine nebelhaft flüchtige Wiederspiegelung, – während der Fromme, äußerstes Geisteserleben formen wollend, in das minder Geistige zurückgreifen muß, und dadurch immer das Ewig-Vergangene greift. Wahrlich, eine gewaltige, granitne Welt, von der ungeheuren Lebendigkeit der innern Anlässe in das tot Beharrende hinausschleudert! Und deshalb auch ein so dauerndes Obdach Denen, die in des Daseins Unbill nach Schirm und Schutz suchen. Denn dieser Doppelcharakter bleibt freilich aller Religion: daß sie ein anderes ist in der Glut des Erlebenden wie in der Bedürftigkeit der Für-wahr-haltenden, ein anderes als Flügel wie als Krücke.

Sich des Denkmoments im Ablauf ihrer Vorgänge enthalten, vermöchten Religion und Liebe so wenig, wie irgend etwas im Bereich unsres menschlichen Erlebens dessen entraten kann: denn nichts geschieht, was nicht Innenereignis wäre und Außensymbol zugleich. Doch die Formen dieser Symbole haben genau in dem Maße was zu besagen, als sie weniger prätendieren: am meisten also grade da, wo sie nicht beanspruchen, spontanste Ekstasen oder unanrührbare Allgültigkeit zu verkörpern, sondern im Gegenteil in möglichst vielfache, nachprüfbare Zusammenhänge untereinander treten, sich gegenseitig so stützend und bedingend, daß sie fast ohne merkliche innere Beteiligung unsrerseits fortwährend sich selbst bestätigen können, – oder, wie wir es zu nennen pflegen: die äußere Wirklichkeit darstellen.

Dies aber ist die große Lehre, die für das religiöse wie für das erotische Erleben daraus folgt: daß sein Weg hier umzubiegen hat in das Leben selbst zurück. Daß dem Lebendigsten der andere Weg, der in die gedanklichen Bewahrheitungen und Bestätigungen, nach einer kurzen Zwischenstrecke verbaut ist, hoffnungslos zugerammelt, weil nur Leben das Leben voll wiederspiegeln kann. Das bedeutet für das religiöse Verhalten schrankenloses Eingehen in alles was ist, – denn was gäbe es, das ihm nicht zum Thron und zum Schemel seiner Füße würde, wie das Weltall dem Gott! Für die Liebe bedeutet es ihre Erfüllung im Sozialen.

Erotisch und sozial

Das Erotische nimmt eine Zwischenstellung ein innerhalb der beiden großen Gefühlsgruppen des Egoistischen und Altruistischen, – unmißverständlicher: der Verengerung, Zusammenziehung unseres Einzelwillens von der Gleichgültigkeit an bis zur Fremdheit, Feindlichkeit, oder seinem Weiterwerden bis zum Einbegreifen des andern, des ihm Gegenüberstehenden, als eines Teiles seiner selbst. Beide Gruppen ändern im Verlauf der Zeiten auch ihre Stellung zueinander und ihre menschliche

Bewertung fortwährend, und auf welche Weise sie ihren Zwist zum Ausgleich bringen, davon wird der Charakter einer Zeitepoche bedingt. Immer bedarf jede Gruppe der andern zu ihrer Ergänzung, jeder hat an ihnen beiden seinen Anteil und müßte durch zu weitgehende Einseitigkeit darin sich auf das Äußerste gefährden, denn um sich hinzugeben, muß man sich besitzen können, und um zu besitzen, muß man erst den Dingen und Menschen entnehmen können, was sich nicht rauben, was sich nur mit offener Seele geschenkt erhalten läßt. Die zwei Gegensätze stehen eben, an der Oberfläche unvereinbar auseinander, wachsend, in der Wurzel in tiefster wechselwirkender Zusammengehörigkeit, und das sich verschwendende: »ich will alles sein!« wie das geizig-gierende: »ich will alles haben!« ergeben, auf ein höchstes umfassendes Verlangen gebracht, den gleichen Sinn.

Aus dieser ihnen noch gemeinsamen Mutterwurzel scheint sich die dritte Gruppe von Gefühlsbeziehungen, die des Erotischen, abzuspalten als eine Mittelform, vielleicht die Urform, zwischen dem Einzeltier und dem Bruderwesen: beider Bestandteile seltsam, und um ihre Widersprüche unbekümmert, in sich bindend, wodurch sie sich gegenseitig steigern zu gärenderer Triebkraft. So sind es in der ganzen Natur gerade die *differenten* Protoplasmakörperchen, die sich zeugerisch suchen, allmählich die Geschlechtsunterschiede aus sich entwickeln, die Spezialisierung zum immer Mannigfaltigem ermöglichen. Und so behält unter Menschen wie Tieren der alte Gemeinplatz recht, nach welchem die Liebe der Geschlechter ein Kampf der Geschlechter sei, und nichts so leicht ineinander überschlage wie Liebe und Haß. Denn erweitert die Selbstsucht in der Sexualität sich, so verschärft sie sich doch zugleich darin zu ihren heftigsten Eigenwünschen, und geht sie in selbstsüchtigem Angriff vor, so doch wiederum nur, um das alles Eroberte auf den Thron, ja hoch über sich selbst zu setzen: überall durch ihre physische Bedingtheit an einer einseitig klaren Herausarbeitung ihrer seelischen Absichten behindert, – und doch tiefer als alles andere mit ihnen deutend auf das All-Eine das wir in uns selber sind.

Deshalb darf man aus dieser ihrer Gebundenheit nicht schließen, daß ihr die geistigem Egoismen des Menschen, oder sogar auch nur die Geistesverbrüderung aller mit allen, an sich schon überlegen sein müßten, und sie im Grunde nicht viel mehr als eine Vorstufe darstelle zu solchen klarern Entwicklungsstadien. Im Gegenteil durchmißt sie innerhalb ihres Bereichs alle Stadien von den primitivsten bis zu den kompliziertesten, von den leiblich begrenztesten bis zu den geistesbefreitesten, auf ihrem eignen Boden. Wo die Vorkommnisse des Lebens anderweitig erwachsene Beziehungen ihr aufpfropfen, seien sie freundschaftlich oder barmherzig gearteter Natur, da veredelt sie sich nicht weiter daran, sondern gefährdet ebenso oft dadurch die von viel tiefer ihr zuströmenden Triebkräfte ihres Wesens. In sich selber voll von schöpferischen Elementen egoistischer wie altruistischer Art, gibt sie sich auch selbständig aus nach beiden Richtungen. Und so wie sie sich, im vorhergehenden, in geflissentlicher Einseitigkeit, betrachten ließ nach Seite ihres eigenen Freudenrausches, ihrer Vermählung aller Kräfte, die zunächst nur für sie selber eine volle, illusionslose Wahrheit geworden war, ihres Egoismus also: so kann man sie auch altruistisch-produktiv ansehn; man kann den andern, den Partner, bisher nur Anlaß ihrer Überschwänglichkeiten, Erreger dankbarer Illusionen, zur Wahrheit und zum Lebensereignis für sie werden sehn. Allerdings erscheint auch der »Egoismus zu Zweien« stark des Egoismus verdächtig, und erst im Verhältnis zum Kinde überwunden, – also erst in dem Punkt, wo Geschlechterliebe und soziale versöhnt aufeinandertreffen, sich gegenseitig ergänzend. Aber für die Geschlechterliebe, die ihr »soziales« Werk im leiblichen Sinn vollbringt, ist es bezeichnend, daß diese physische Betätigung ihrer selbst schon alles mitenthält, was sie auch geistig weiterentwickelt. Zwar läßt sich mit Recht sagen, alle Liebe erschaffe zwei Menschen, – neben dem in der Vereinigung leiblich gezeugten, auch noch einen erdichteten: jedoch eben dieser leiblich geschaffene, pflegt es zuerst zu sein, was aus der bloßen Liebesbenommenheit hinausführt. Wenigstens soweit es mit dem Naturleben primitiv und von selbst sich ergibt, sozialisiert sich die Brunst in der Brut, die Liebe im Kinde.

Mutterschaft

Es ist interessant, daß im Weib, das meist den übertriebensten Idealisationen des Liebeslebens am geneigtesten ist, auch dieser Ansatz zum Sozialen am stärksten wirksam heraustritt. An der Mutterliebe, dafür gepriesen und, neuerdings, auch etwas dafür gering geschätzt, daß sie so ganz zwanghaft und wahllos liebe, ohne alle Vorbehalte bezüglich der Beschaffenheit ihres Gegenstandes, findet nämlich beides seinen Zusammenhang. Einerseits läßt allerdings Mutterliebe sich von keinerlei Wirklichkeit stören, beeinträchtigen in ihrem zärtlichen Gefühlsvorurteil, so, als sei ihr das kleine Geschöpf in der Tat nur eine Wunsch-Unterlage dafür. Andrerseits jedoch ist dies ja nur deshalb der Fall, weil Mutterliebe an sich selber gar nichts anders ist, als eine Art von *Brutkraft*, von *weiter fortgesetzter Zeugung* gleichsam; nichts als eine über *den Keim gesenkte Wärme*, eine seine Möglichkeiten verwirklichende Wärme, die ihn als ein Versprechen nimmt, – ein Versprechen, daß sie sich selbst mit ihm gibt! Um deswillen ist ihr Idealisieren so dicht und echt dem Schöpferischen verschwistert, wie es seiner ursprünglichsten und höchsten Bedeutung entspricht; um deswillen sind *Taten* und *Gebete* selbst in den kleinen Kosenamen noch, mit denen sie ihr Kind von einem Tag zum andern tiefer hinein in das Leben ruft.

Aus diesem Grunde redet auch schon dem Manne gegenüber bereits etwas andres aus ihrem Überschwang, als nur das Gehirnfeuerwerk unbeschäftigten Sexualüberschusses. Wie sie an ihrem Kinde mit allen sorglosen Verherrlichungen eigentlich nur die eine, die wundervolle Tatsache seines kleinen Lebens feiert, so steht hinter dem Strahlenmantel von Illusionen, die ihr den geliebten Mann zum Einzigen machen, auch immer zugleich das Menschenkind selber, das, wäre es so ungeschmückt und voller Fehl, nackt und bloß, wie es wolle, ihrem tiefsten Leben eingeboren ist. Mit allen Idealbildern, die sie, scheinbar so anspruchsvoll-demutvoll, ihm entgegenschickt, erschließt sie ihm doch nur die ungeheure Wärme, darin einmal gerastet zu haben die Ureinsamkeit des Einzelnen aufhebt, als ob er wieder vom Allmütterlichen umfangen würde, das ihn umfing, ehe er war.

Sie stellt ihn damit für Augenblicke gleichsam wie in den Weltmittelpunkt zurück, in jener Einzigkeit, die, jeglichem zu eigen, eben insofern für keinen einzigen berücksichtigt werden kann, und doch in jedem Geschöpf weiterlebt als das Gefühl, daß selbst dem Geringsten noch, richtig verstanden, allein eine Liebe: »von ganzem Herzen und aus allen Kräften« gerechterweise nur grade genug tun könne. Sie schafft ihm damit diese Art höherer Gerechtigkeit neben der sozial oder sachlich abwägenden, – niemanden verkürzend, weil es ihm nur gilt in ihrem Himmel, der andern nichts wäre als ein wenig Blau über dem Erdenrund.

Nicht nur niemanden verkürzend, sondern zum Menschen als solchem hinleitend dadurch, daß sie aus dem bloßen, etwas lächerlichen, erotischen Wahnbild ein anderes, ein menschlich tiefes Wahrbild aufzurichten weiß, geltend für alle. Bis alle Illusionen dran ihr selber letzten Endes nichts mehr bedeuten können, als kleine blitzende Springfontainen über einer großen, klaren Flut, daraus sie kamen, dahin sie gehen, und bis auch ihrer Frauenliebe noch Menschenliebe sich unterbreitet ohne Rückhalt oder Grenzen. So daß die Verbohrtheit in das Einzige, wie wenn mit solchem winzigen Bruchstäubchen das gesamte All eingeheimst und allem sonstigen unzugänglich gemacht worden sei, sich unmittelbar weitet im Gefühl, als ob auf eine neue Weise jegliches zu ihr rede mit der Stimme seines Lebens, – angefangen von dem, was dem Herzen Nachbar ist, bis zu dem letzten Tier auf dem Felde.

Diese Umdeutung der Affekte vollzieht sich immer unwillkürlicher durch den Verlauf der Elternschaft. Indem im Elterntum sich auch wieder die gleiche Tragik kundgibt, wonach die Geschöpfe, je differenzierter sie sind, desto gewisser, nur in Teilprozessen sich weitergeben können: denn wie im körperlichen Liebesakt nur punktuell eine Verschmelzung Zweier stattfindet, so auch im Kinde lediglich eine Übertragung dessen, was die Liebenden selber schon von den Voreltern übernommen. Der schwerste und kostbarste Erwerb, der persönlich errungene, bleibt außerhalb des Vorgangs stehen, und damit die Individualität in ihrer unwiederholbaren Ganzheit, des Lebens Lebendigstem: Verwalterin ist sie nur, eine bessere oder schlechtere, dem geschlechtlichen Erbstück. Wieder also öffnet sich auch hier der große ratlose Überschuß, der in keine Einheit mehr hinübergenommen wird, der nur hinterher, von innen her, auf eigene Faust und nach selbsterfundenen Methoden sozusagen, dem mangelhaften Tatbestand abzuhelfen, ihn zu ergänzen suchen muß.

Deshalb ist Mutterschaft ein lebenslänglicher Akt, nicht zu Ende mit der Versorgung der Brut des Tierweibchens, sondern ein Versuch, ihre Seele hinzugeben, wie sie den Körper gab. Und deshalb entwickeln sich dann von hier aus die animalen Instinkte zu noch weiterer Geistigkeit, gerade wie es in der sexuellen Liebe zwischen Mann und Weib geschieht: sie gelangen dazu, sich nicht nur selbst daran zu berauschen und zu feiern unter dem Vorwand eines andern, – des andern gleichsam als eines leibhaften Stückes von sich, – sondern in ihn, in sein Eigenleben einzugehn, als in das des wirklich »andern«. Nicht um im Kinde selber physisch fortzuleben, nicht einmal mehr um es psychisch zu prägen nach dem Selbstbildnis, gibt sich die Mutter endlich dem von ihr geborenen Menschenleben hin, – sie gewinnt zuletzt jene feinste und letzte Hingebung, die sich gern davon ihrerseits beschenken, bereichern, größer machen lassen möchte. Die ihm als einer Totalität, als einer unantastbaren Ganzheit für sich, Ehre erweist, als etwas, dem man sich nicht mehr einen kann, es sei denn grade infolge der ausgesprochenen Zweiheit, d. h. auf Grund eines ganz neuartigen Bündnisses. Die Krönung der Mutterschaft vollzieht sich erst in dieser bewußten Hinausstellung des Eigensten von sich, als eines Fremden für sich; – in einer letzten schmerzhaften Freiwilligkeit, einem höchsten Selbstloswerden daran, hat sie ihre Frucht erst ganz zur Welt geboren, hat sie von ihren Zweigen sinken lassen, und darf herbsten.

Allein dieser Herbst wandelt sich zum Beginn ungezählter Frühlinge für die daran erst ganz mütterlich Gewordene: sie dem Leben einend mit der Wärme dessen, der es nicht nur liebte, der es aus sich gebar, es vom Herzen lösend in seiner Vollwirklichkeit, und der es darum immer wieder *neu*, als Welt, an sich selber erlebt. Unter allen menschlichen Verhältnissen ist es darum nur die Mutterschaft, der es gestattet ist, eine Beziehung vom tiefsten Ursprungsquell bis zum letzten Höhepunkt voll zu verwirklichen: vom eignen Fleisch und Blut an bis zum fremden geistigen Selbst, das ihr wiederum zum Weltbeginn wird. Denn wie keine sonstige Beziehung diesen ursprünglichsten Ausgangspunkt haben kann, so kann auch keine sich in diesem Sinn vollenden: endet sie nicht gewaltsamen verfrühten Todes, so bleibt sie gewissermaßen ewig unterwegs, endlos, ziellos, worin der menschliche Begriff der »Treue« sich zusammenfaßt. Keiner totalen Einheit entsprungen, mündet sie auch nicht in die Möglichkeit immer erneuter Zweiheit, – in diese Vollständigkeit des Abschlusses, des Absterbens, die fast nur wie ein andrer Name ist für Neubeginn, Lebensaufschluß, Unsterblichkeit.

Das Weib

Das Mütterliche ist nicht das einzige, woran sich offenbart, wie grade im Physiologischen des Weibes die Keime liegen zu dessen überlegenster Entwicklung über das bloß Erotische hinaus in das Menschlichallgemeinere. Ein zweiter Typus, worin ebenfalls im scheinbar übererotischen Charakter das höchste Liebessymbol gefeiert wird, ist festgehalten unter dem Bilde der Madonna. Wenn auch die Besitznahme der Jungfrau durch den Gott in Urzeiten, später zu den Machenschaften der Priesterhierarchie gehören mochte, so ist doch kein Zweifel, daß sie dem Bedürfnis entstammt ist, das Sexuelle dem religiös Sanktionierten zu unterstellen, – selbst, wo sich die orgiastischesten Kulte daran anschlössen, es als geheiligt über die Notdurft des Einzelnen hinauszuheben. Allerdings erscheint diese uranfängliche Madonnenauffassung unserer heutigen Dirnenauffassung angenähert: der Hingabe ohne Wahl, selbst ohne Wollust noch, d. h. der Hingabe zu außererotischen Grundzwecken. Dirnen- und Madonnentypus ähneln sich darin ungefähr wie Fratze und Urbild, berühren sich im Extremen; was sie jedoch beide ermöglicht, ist schon das nämliche, was das Weib zum tragenden, zum Muttertier bestimmt: ihr Leib als Träger der Kindesfrucht, als Tempel des Gottes, als Tummelplatz und Vermietlokal der Geschlechtlichkeit, wird zum verkörperten Ausdruck, zum Sinnbild, jener Passivität, die sie gleicherweise befähigt, das Sexuelle zu degradieren wie zu verklären.

Wie aber im Mütterlichen das stärkste Passivwerden des Weibes in dessen äußerste Schaffenskraft sich verkehrt, so ließe sich nicht mit Unrecht auch der Madonnenbegriff in das aktiv Bedeutungsvollste vergeistigen. Denn nicht nur eine Negation bedeutet er, nicht nur die von Lüsternheit freie Frau, sondern die mit allen, auch außererotischen, Kräften dem Empfängniszweck Zugeweihte. Je tiefer ein Weib in der Liebe wurzelt, zu je Persönlicherm sie darin geworden ist, desto mehr verkehrt sich die passive Ausschaltung des bloß Genußmäßigen am Sexuellen in ein Tun, eine lebendige Erfüllung und Wirkung. Sinnlichkeit und Keuschheit, Erblühen und Sichheiligen fallen in eins zusammen: in jeder höchsten Stunde der Frau ist der Mann nur der Zimmermann Marias neben einem Gott. Man könnte sagen: insofern Mannesliebe so entgegengesetzt, aktiver und partieller und ihrer eignen Entlastung bedürftiger ist, läßt sie ihn innerhalb ihrer selbst weit hülfloser werden als das Weib, das, totaler und passiver liebend, in Leib und Seele nach Raumerfüllung drängt, und einen ganzen Lebensinhalt zum Aufblühen, Aufglühen bringt, um ihn hineinzuwerfen. Charakteristisch wie es ist, daß es im Männlichen keinen Namen für Dirne gibt, für den rein passiven Sexualmißbrauch, so auch keinen für den Madonnentypus: für die positiv Geheiligte; der Mann kann »Heiliger« immer nur geschlechtlich negativ, im Sinn der Askese, sein.

Die größere Konzentrationskraft auf dem Liebesgebiet, diese zusammenhaltende Gesamtbeziehung auf ein Einziges, die der Mann eher auf andern Gebieten wettmacht, stellt das Weib sicherlich in einem Punkt von gewaltigstem Lebenswert oft hoch über ihn. Allein es ist doch notwendig, das: richtig abzuschätzen als ein natürliches Produkt ihrer geringern Differenzierung. So könnte man z. B. finden, daß der Umstand allzu preisend betont wird, wie häufig ein weibliches Wesen grade deshalb ins Unglück stürze, weil selbst nach flüchtigem, sinnlichem Momentrausch die seelische Anhänglichkeit bei ihr nachfolge. Es ist aber doch nicht abzusehn, was sie ethisch vor dem leichtfertigen Mann dadurch voraushat, daß sie, hinterher den Schaden besehend, zu eignem Schrecken ihre Leichtfertigkeit verstrickt findet in allerlei tiefere Affekte. Man kann diese schwerere Löslichkeit der leiblich-geistigen Triebmasse sympathisch nennen, doch mit Unrecht setzt man es dem Mann ins Unrecht, nur, weil in einer Frau so vieles sich mit verführen ließ, was sie gar nicht mit gemeint hatte.

Daß Frauen sich um jeden Preis, mit allen Mitteln, weiter differenzieren möchten, und dabei doch Liebende non plus ultra bleiben, ja immer noch mehr werden, in Madonnen- und Mutterhoheit, das ist nicht ganz, konsequent. Wohl aber wäre es denkbar, daß klare Erkenntnis sie der eigenen Leiblichkeit etwas anders gegenüberstellte als früher. Eine neue, feine Scham ließe sich denken, die nicht der leiblichen Hingegebenheit so prüde mehr gilt, wie die traditionelle Erziehung es zur zweiten Natur machte, sondern eher im Gegenteil grade deshalb zu jeder Selbstzucht sich erzieht, *weil* die physiologische Genußfreude seelischen Vorgängen Tür und Tor öffnen müßte: die Pforte zu dem innersten Selbst, das sich nicht preisgeben will, zu jenen kostbarsten Geschenken von Mensch zu Mensch, die, einmal vergeudet, sich nie wieder ganz zurücknehmen lassen, weil sie wir selber sind.

Wird im weiblichen erotischen Affekt so viel Psychisches sogar wider Willen in die Physis mit hineingerissen, so gewahrt man aus den gleichen Ursachen das entgegengesetzte Schauspiel bei geistigen Erkrankungen. In seinem Werk »Die sexuelle Frage« erörtert Forel diese Tatsache, daß die Sexualität, bei den Männern die niedern Hirnzentren affizierend, beim Weibe im Großhirn lokalisiert erscheine, »dem Sitz der Geistesstörungen«. »Wenn man, selbst in weiblicher Begleitung, durch die Männerabteilung der Irrenanstalt geht, ist man über die blöde Gleichgültigkeit und sexuelle Indifferenz fast aller geisteskranken Männer erstaunt«, sagt er, und von den Frauen: »selbst die sittsamsten und sexuell kühlsten Frauen können, wenn sie geistig erkranken, dem wildesten Erotismus verfallen, und zeitweilig sich wie Prostituierte aufführen.« So wird selbst das letzte Wort, selbst das geistiger Zerstörung, selbst das des tragisch ungewollt Dirnenhaften im Weibe, noch zur Bestätigung für das Alleine, das ihr die Liebe ist.

Das Wesenbestimmendere des Sexualcharakters für das Weib läßt die Entwicklung auch des gesundesten in einer gewissen Zickzacklinie schwanken zwischen dem Geschlechts- und individuellen Leben; sei es, daß Frauen und Mütter ihre individuellen Anlagen verkümmern fühlen, sei es, daß sie sie entwickeln müssen auf Kosten des Frauen- oder Muttertums. Trotz der vielen Rezepte, die in dem Punkt empfohlen werden, als handle es sich um eine aufhebbare Störung, gibt es nicht eine allgemeingültige Lösung für diesen Konflikt und kann es keine geben. Aber anstatt in ihm eine Tragik zu bejammern, die damit dem weiblichen Geschöpf anhafte, wäre es besser, des unendlich Lebendigen sich zu freuen, in das die Frau dadurch hineingestellt ist, indem sie ihre Entwicklung nicht in grader Linie abschreiten kann, sondern die Widersprüche ihrer Sachlage sich nur von Fall zu Fall, in höchst persönlicher Tat, schlichten lassen. Denn es ist etwas, was selbst dem kleinsten Frauenschicksal eine große Bedeutsamkeit zu geben vermag, daß es jedesmal von neuem sich so ursprünglich mit dem innern Leben auseinanderzusetzen hat und es bewältigen muß in eigenster Initiative, und nichts Geringeres ist es, als was der Mann in seinen Kämpfen mit dem Dasein »draußen« ausgefochten hat, von den Zeiten der Urwildnis an. Ist er darum, auch jetzt noch, nur gerecht zu beurteilen im Zusammenhang mit seinen Außenleistungen, so liegt für das Weib alles in dem Einen beschlossen, wie sie das Daseinsrätsel in sich selbst zum Austrag brachte, und dies ist der Grund, warum Anmut auch noch im höchsten Sinn das Wertmaß ihr gegenüber bleibt, wie es schon ihre leibliche, natürliche Bewertung bildet. Daß »ethisch« und »schön« auf eine feine Weise das Gleiche bedeuten können, wie »geheiligt« und »sexuell«: darin drückt sich Vorrecht wie Grenze des weiblichen Geschlechts für immer aus.

Fast als Entgelt für solche einseitig-allseitig getragene Ge schlechtsbetonung, Überbetonung, sollte es wirken, wenn früher als beim Mann in dem Weibe die Sexualität im physiologischen Sinn außer Tätigkeit tritt: wenn vor dem Eintritt in eigentliches Greisenalter dies ein Sich-Ausblühn all dessen gewährt, was das Leben an Liebe zu köstlichem Wachstum großgezogen hat. Denn – anders wiederum als beim Mann – kennzeichnet es auch hier nicht ein Negatives nur, nicht den Mangel gegenüber Neu-Ausgaben, sondern der Wert gesammelter Einnahmen gelangt daran zu seiner Sichtbarkeit, – hat sich mit seiner Fülle erst dran auszuweisen, gleich einem Hamsterbau vor beginnendem Winter. So liegt eine feinste Liebesnachwirkung grade über diesem Reinmenschlichsten, Geschlechtslosesten des Weibtums noch, etwas, worin des Daseins Inhalt zu so feierlicher Ganzheit sich abrunden soll, wie sie nur dem Blick von Kind und Greis sich auftun könnte, würde er nicht durch

Unreife oder Tod beirrt. Ähnlich wie nur in der Mutterschaft eine menschliche Beziehung voll, in ihrer Ganzheit, ausgelebt werden kann und eben deshalb in ewig-neuem Beginn, so gilt dies dadurch dem Weibe auch vom Leben selbst, in einer dem Mann unwiederholbaren Weise. Und um so mehr gilt es, um so größer ist ein Weib als Weib, in je größern Dimensionen ihr dies möglich ist, – je breitere Möglichkeiten, je stärkere Kräfte sie darin umgriff, ihrem Gesamtwesen organisch einzugliedern wußte, wie fern sie ihr als Weib auch gelegen haben, wie entgegengesetzt sie ihr gewesen sein mochten. Nie und nirgends in Einzelzügen oder Sonderrichtungen, mag man sie dem Inhalt nach noch so laut als spezifisch »weiblich« ausrufen, unterscheidet sie sich vom Manneswesen: lediglich in dieser Aufeinanderbeziehung ihrer aller zum Lebensinbegriff.

Hierauf beruht wohl die Hoffnungslosigkeit und Endlosigkeit von Diskussionen, in denen, ziemlich gleichberechtigt, bald die ganze Schärfe des Weibgegensatzes zum Mann geltend gemacht wird, bald grade die Überwindung davon als Fortschritt gepriesen; in denen dem Weibe hintereinander so ziemlich alle Eigenschaften, die es gibt, zu- und abgesprochen werden, so daß sie, immer mit ungefähr gleichem Recht, als Leichtsinn und Ernst, Tollheit und Nüchternheit, Unruhe und Harmonie, Laune und Tiefsinn, Klugheit und Dummheit, Zartheit und Derbheit, Erdgeist und Engel, darin auftritt. Denn in der Tat, unter den Weibbegriff fallen, aufs Einzelne besehn, ohne weiteres die unvereinbarsten Eigenschaften, – das Weib ist immer der Widerspruch selber: insofern, ihrem schöpferischen Tun nach, das Lebendige selber in ihr an seinem Werke ist.

Männlich und weiblich

Etwas Ordentliches, Tüchtiges im Mann entrüstet sich zeitweise über diese ganze Weibesart, auch Liebesart, die abwechselnd ihn verwirrt, ihm imponiert oder ihn als verächtlich berührt. So sehr man beider Übereinstimmung in Dingen der Liebe auch wünschen muß, läßt es sich dennoch wohl begreifen, daß der Mann, erfüllt von seinen eignen

Leistungsansprüchen, dem retardierenden Überschwang der Frau mit einigermaßen ungeduldiger Gebärde gegenüberstehn kann. Sicherlich gab es ja in ganzen Zeitepochen, und gibt es auch noch in der Gegenwart, genug Beispiele von Frauenanbetung, dennoch wäre es immerhin erträglicher, wenn das Käthchen-Vorbild für extremste Weiblichkeit charakteristisch würde, als der Toggenburger für den Mann. Denn ohne Zweifel spricht sich eine höchst bezeichnende Übertreibung unsrer Zeit darin aus, allein im Herausarbeiten des Liebesideals in seiner, alles in sich einbeziehenden, Vollkommenheit schlechthin das Wichtigste zu erblicken, die Harmonisierung des Menschentums, das »Eine, das not tut«. Es ist eine weibliche, für Männer-Idealbegriffe etwas weibische, Übertreibung, die übersehn läßt, wie sehr unsre Kräfte überhaupt nur auf wechselseitige Kosten zur Entwicklung kommen, wie höchstmögliche Leistungen den Verzicht schon einschließen auf alle mögliche, leibliche oder geistige, Harmonie, wie vorwärts suchende Selbststeigerung durch vielerlei Selbstverstümmelung geht, und daß es nur Ruhepausen sind, die Raststunden der männlich-lebendigsten Beweglichkeit, worin sie feiernd oder liebend, zur Schönheit sich zusammenfaßt. Und wenn dies zu tun Frauen gemäßer ist als Männern, so legt es den Gedanken recht nahe, ob nicht dafür der Mann, jeder einzelnen seiner Anlagen nach, eben der stärker Veranlagte sei, – in jeder einzelnen sein Wesen weiter erstreckend, den Trieben nach sowohl wie auch dem Geiste. Seine erotischen und egoistischen Affekte sozialisieren sich dadurch anders, er steckt ihnen ihre Grenzen ab nach andern Seiten allgemein-menschlicher Tätigkeiten; der Durchbruch des Gattungshaften, dieser geheimnisreiche Einfluß des Keimplasma auf die ganze Persönlichkeit, wird deshalb häufig grade beim tiefbeschäftigten, tüchtigen oder bedeutenden Mann eher vorkommen als ziemlich akut wirkende Anomalie, als ein zu Kopf steigender Rausch, wie als die neue Normierung, die im Weib Leib und Seele mitschwingen lehrt in den Rhythmen des Alllebens, ihre Einzelentwicklung damit immer wieder in Frage stellend. Um deswillen liebt er das Weib grade am besten, am stärksten, daß sie für ihn gleichsam Gestalt geworden ist dessen, woraus er selber wurde, woraus seine Kinder werden, – liebt das, was im einzelnen das Weib unausgeprägter erhält, ja sogar ihren Körper unausgeprägter weich, ihre Stimme jung erhält:

die Erbschaft von Mensch zu Mensch, – den Menschen als das in allem Seienden Mutter-Ewige, als das Kind-Ewige.

Die Geschlechtsdifferenz wird gegenwärtig für so tief begründet angesehn, daß sie, von keinerlei Entwicklung überholbar, überall auf Urgrund zu stoßen scheint. Allein eben hier liegt jedenfalls auch ihre Ergänzung durch sich selbst: denn je tiefer hergeleitet, desto gewisser müssen ihre Linien sich innerhalb des Umrisses von Mann und Weib an irgend einem Punkte kreuzen, – muß Leben, für sich fortwirkende Totalität, gleichsam doppelt gezeugt sein, wie jeder von uns abstammt von Vater und Mutter. In je tiefere Schichten wir in uns hinabsteigen, um so tiefer nur tut sich dieses zeugerische Ineinander von Zweiheit als Einheit, und Einheit als Zweiheit auf; am meisten deshalb bei den geistesschöpferischen Tätigkeiten: als ob sie, wie aus Urfernen der Generationen, heraufholen müßten, was sie zu solcher Zweiheit befruchten kann, um selbsteigen Lebendes aus sich zu entlassen. In Übereinstimmung damit wird gern aufmerksam gemacht auf die verhältnismäßig gegengeschlechtlichen Züge an Künstlern, an der Genialität überhaupt: als eines, sozusagen, stationär gewordenen Zeugungszustandes.

Wo wir uns dagegen liebend verhalten, d. h. wo unsre schöpferische Erregung zu einem leiblichen Außenwerk ihrer ergänzenden Hälfte *von außen* bedarf, da mildert sich deshalb der Geschlechtergegensatz nicht nur nicht, sondern spitzt sich daran erst zu seiner vollen Schärfe zu. Alles, was sich in uns selber unter dem Einfluß des erotischen Affekts zusammenfaßt, bindet, miteinander vermählt, scheint dies nur zu so einseitigstem Zweck zu tun; ja die Einzelperson erscheint förmlich überladen als Trägerin ihres Geschlechts: nur als die Ergänzung, die »andere« Welt, erhebt sie sich zum geliebten Ein und Alles. Und tatsächlich läßt sich der entscheidende Charakter dieser Zustände und Vorgänge auch nur näher darstellen, feststellen, innerhalb einer solchen gewissen Übertreibung, indem der ganze Begriffsinhalt von »männlich« oder »weiblich« jedesmal unverkürzt aufgehäuft wird auf den einzeln gegebenen Mann, die einzelne Frau.

Insofern muß eine dadurch unberücksichtigter gebliebene Seite der Sache nachbetont werden, die diese erst aus dem allzu Flächenhaften der Gedanklichkeit ins mehrseitig Beleuchtete, Vollwirklichere rückt:

nämlich der Umstand, daß auch in Bezug auf die Einzelpersonen das Erlebnis der Liebe einen Doppeleinfluß ausüben kann.

Beruht schon alle Liebe auf der Fähigkeit, das Andersartige mitempfindend in sich zu erleben, und läßt sich von ihren stärkeren Äußerungen geradezu sagen, beider Liebenden Erlebnis sei infolgedessen identisch, so trägt sie bereits damit ein doppelmenschliches Antlitz: umfängt, ungefähr wie leiblich in der Empfängnis, das Geschlecht des andern in ihrem Gefühlsausdruck. Das befähigt sie, ungeachtet der Verschärfung des Geschlechtscharakters, dennoch daneben Züge zu gewinnen, in denen sie ihren eignen Geschlechtsgegensatz gleichsam wiederstrahlt.[1]

Wurde in den leiblichen Vorgängen das Keimplasma zur Ursache, die das am latentesten in uns Gebliebene steigernd auf alles zurückwirken läßt, so wird hier die geistig eingehendste Liebe der gleiche Anlaß, in uns *das* lebenwirkend zu lösen, was in unsrer eignen Entwicklung nicht mitvorgesehn war. Der Affektrausch, den der physische Erregungsgrund entband, erscheint darin fast völlig aufgebraucht zu solchem positiven

---

1 Freundschaft zwischen verschiedenen Geschlechtern, wo sie wirklich ganz unerotisch gefärbt bleibt, wäre möglicherweise herzuleiten von ähnlicher gegenseitiger Wirkung auf solche Wesenszüge, die nur andeutungsweise vorhanden, weil nur Rudimente des Gegengeschlechts sind, – wodurch der Sexualanteil an der Beziehung sich von selbst ausschaltet. Sind jedoch derartige Züge schon von Haus aus abnorm betont, so pflegt sich auch hieraus Erotik zu entwickeln: die der gegenseitig verkehrten Sexualität. Innerhalb dessen sind dann alle Anklänge möglich, an jeden geistigen Hermaphroditismus, bis in sein leibliches Mittönen, und jedes Liebesverhalten endlich zum eigenen Geschlecht. In solchen Fällen ist es, als ob die Doppelung, die unser aller Wesen mitbegründet, in der Wirklichkeitswelt ihren einseitig eindeutigen Halt verloren hätte, so daß sie sich nicht daran vereinheitlichen kann, gleichsam das erlösende Wort für ihre Entzauberung nicht findet. Dadurch berührt das Problem sich mit dem der zeugerischen Zweiteilung und auch der geisteschöpferischen Tätigkeiten: fast, wie wenn irgend etwas um den Ausweg in diese betrogen worden sei, sich statt dessen in die Leiblichkeit verrannt habe, und, in ihr eingefangen, zur physischen Sinnlosigkeit verkrüppelt, sich in die Welt des Einheitlichen zu befreien suche, indem es umsonst (d. h.: steril) nach dem gleichgeschlechtlichen Partner greift.

Schaffen neuer seelischer Tatbestände. Und durch nichts beweist er, der ursprünglich wahnbildende, sich so als *Leben*, wie daß er auch dabei noch nicht stehn bleiben mußte, zwei Menschen zu einen in sich und im Kind, sondern in jedem von ihnen sogar wiederum jene Zweiheit hervortreibt, die allem Werden schöpferisch eingesenkt ist, auf daß es über sich hinaus wachse. Zum ersten Mal erstrebt er hier selbständig seine geistige Gegenleistung für dieses »über sich hinaus«, für das Kind. Darum, wenn schon physische Liebesekstase, durch ihre alles in uns einigende Kraft, ein Glücksempfinden in sich selber trägt, so kann dies letzte, seltenste Liebeserleben sich innerlich nur als Glück und Erfüllung herausstellen. Ein richtiger Instinkt läßt uns ahnen, daß Liebe, ihrem ursprünglichsten, wie ihrem vollendetsten Sinne nach, ohne weiteres lebenschaffend und beglückend wirke; daß da, wo ihr Außenschicksal sie anstatt dessen in Not und Tod verkehrt, es nicht ihre eigene Stärke ist, die dies so unüberwindlich macht, sondern im Gegenteil etwas Un-vollendetes an ihr, das sie im Gefühlsmäßigen, Leidenden, und einer halb eingebildeten Zusammengehörigkeit stecken läßt. Denn grade hier, wo die Liebenden noch einmal, – wie im Anfang fast, – ganz in ihren eignen Innenvorgängen ihr Schicksal tragen, erscheinen sie nun erst ganz fest einander verbunden: in einem Zusammenhang zwar, der sich nicht mehr beschränkt auf die engste Ergänzung zweier Hälften, – und noch weniger diese Gegensätze abzuschwächen sucht durch Hinzufügung ergänzender Fremdbestandteile zur Liebe. Der vielmehr, in einer jener Paradoxien, wie sie nur das schöpferische Walten aller Dinge selbst er-sinnen kann, zwei Menschen, Mann und Weib, eben dadurch ineinander auflöst zu überpersonaler Einheit, daß er jeden von ihnen heraushebt zu seiner tiefsten Unabhängigkeit in sich, – seiner all-ewigen Selbstheit.

Wertmasse und Grenzen

Was sich so an einem Einzelteil herausstellen kann: daß grade das Le-bendigste, die Lebensspitze dran, nicht eindeutig fixiert werden konnte, sondern der scheinbar widersprechenden Nachtragungen bedarf, das macht sich auch fortwährend hinter der Gesamterörterung einer Sache geltend. Es macht beinah den Anspruch, die Maßstäbe und Abgrenzungen für sie von Zeit zu Zeit auch wieder zusammengeschoben und auf den Kopf gestellt zu sehn, das ursprüngliche Durcheinander hergestellt, worin sie noch nicht schön klar und übersichtlich war, aber dafür wirklichkeitsbunter. Insbesondre erscheint es notwendig, sich zu erinnern, wie sehr es sich speziell bei dem vorliegenden Thema um eine unlösbare Gesamtheit von Phänomenen handelt, von denen jeder einzelne Zug auf alle übrigen mitbezogen ist, und auch die obersten Resultate immer wieder an das unterste anknüpfen müssen.

So darf man auch nicht vor dem Letzten, Höchsten stehn, was sich daran schildern läßt, ohne ihm ein sehr heiliges Recht zuzugestehn: sich niederzuneigen bis immer wieder zum Anfänglichsten noch zurück, – und um so tiefer nur, je höher es selber stieg. Als gliche es dem indischen Feigenbaum darin, der Erde Wunderbaum, dessen Astwerk seine hängenden Zweige zu Luftwurzeln umbildet, damit er, stets von neuem in ihnen den Boden berührend, lebende Tempel auf Tempel aufeinanderzugliedern vermag, an denen jede einzelne Abzweigung wieder das nächsthöhere Astwerk säulenartig stützen muß, während über allem die Krone des Mutterstammes, des Stammes aus Einer Wurzel, im Sonnenlicht rauscht.

Schon in der Tierwelt durchschauen wir fast nichts an den Erscheinungen, die sich uns auch in ihren seelischen Äußerungen nur so physisch darbieten, und doch waltet im tiefen, kaum belichteten Dunkel dieser für uns untersten Naturtempel ein Leben, dem unsern vergleichbar. Nicht zufällig stoßen wir ja dort schon auf Entzückungen der Geschlechtsliebe bis zu den zartesten ästhetischen Äußerungen neben den brutalsten, nicht zufällig auf die opfermutigste Fürsorge füreinander und für die Brut. Sind uns doch sogar Papageien- und Affenarten (leider sollen es gerade die weniger menschenähnlichen sein!) in ihrer monogamischen Veranlagung ganz gründlich »über«, und müssen uns doch sowohl Bienen wie Ameisen ebenso verdrießend wie beschämend zu Musterbildern sozialen Instinkts werden, die wir nie auch nur im entferntesten erreichen können.

Einigermaßen ähnlich verhält es sich auch schon mit den stehngebliebenen Rassen, die zeitweise als Paradiesesmenschen angesehn, dann wieder als Antikulturelle mißachtet, trotz Roheit oder Grausamkeit ihrer oft ritual bedingten Sitten, uns daneben dennoch an mancher natürlichen Reinheit, Güte oder Treue übertreffen mögen. Wandelt doch gerade das sexuelle Erleben im wesentlichen das ab, was das primitive Geschöpf gleich uns ausmacht; ist doch, was am Menschen geliebt werden kann, Tiermaterial, unter dem Einfluß sich steigernden Intellekts, und äußert dieser sich doch überall in zwei sehr verschieden wirkenden Richtungen: das gegebene Triebleben sublimierend oder – ruinierend.

Es ruinieren, würde hier heißen, das Sexuale unter hirnbegabten Wesen nicht ihnen entsprechend erleben, – nicht so, daß das Hirn der schließliche unwillkürliche Empfänger immer zusammenfassenderer Erregung ist, sondern selber ein künstlich mißbrauchender Erreger körperlicher Teilgenüsse. Die immer freiere Beweglichkeit des Instinktlebens, endlich die Sprengung der noch tierisch geregelten Brunstzeiten, würde von ihm benutzt, um es desto beliebiger zu zerstücken, zu vereinzelnen, es sozusagen wieder dem minder Belebten, oder Leblosen, anzuähnlichen, das sich zu Stückwerk aufbrauchen läßt, anstatt immer voller empfundener Lebenseinheit, verstärkten, vermählenden Mitfühlens, erhöhter Gesamtbeteiligung. Der raffiniert gewordene Verstand, mit des Lebens Leben hantierend wie mit ihm unterstelltem totem Material, illustriert den Triebruin und die Geschlechtssünde.

Das Entgegengesetzte geschieht dem Intellekt im Sublimieren des Sexuellen: da übertreibt er die Steigerung des immer Belebtem vor sich selbst, indem er ihm bereits seine eignen geistigen Maßstäbe aufdrückt, die noch nirgends hin passen und ihn ins Illusionäre verführen. Für das praktische Verhalten entwickelt sich daraus ein beträchtlicher Leichtsinn. Denn in Wirklichkeit sind ja die Sexualtriebe den selben Gesetzen des Begehrens und der Sättigung, der abnehmenden Reizstärke durch Wiederholung, des draus folgenden Verlangens nach Wechsel, unterworfen, wie der ganze Bereich des Animalischen überhaupt. Man wende nicht ein, daß Individualisieren und Verfeinern der Triebe dies ändere: es individualisiert und verfeinert lediglich den Ablauf. Wo etwa vor Zeiten ein Eheherr auf Reisen ohne weiteres ein Ersatzweib für das seine schon dadurch fand, daß es der gleichen Sorte von Braunen oder Blonden, Dünnen oder Dicken glich, da unterscheiden wir jetzt oft bis auf das haarspaltend Äußerste: aber dafür sind wir so viel ständiger mit irgend etwas von uns »auf Reisen«, abwesend, einsam, suchend! Grade die Differenzierung erhöht das Bedürfnis nach so Verschiedenem in verschiedenen Zeiten und Menschen, und läßt den Variabilitätsdrang dadurch ebensowohl an- wie absteigen. Man soll deshalb der Erotik ruhig zugestehn, was sie schön und gefahrvoll macht! Ihr rasch ablaufendes, rasch erfüllbares Wunschleben hat mit Dauer selbst da nicht *naturnotwendig* zu tun, wo es von Intellekt und Seele noch so reich, stark und fein zu einem Fest des ganzen Menschen ausgestaltet worden ist: wohl aber geht ihre eigene Meinung naturnotwendig jedesmal dahin, daß es von diesem Fest nie ein Erwachen geben werde. Und hierin allein liegt, was ihren Leichtsinn erhebt, ja ihn unter Umständen jeder Größe beigesellen kann.

Zuständen, die hoch über das Mittelmaß hinausreichen, entschwindet das Zeitbewußtsein, die Vorstellung eines noch möglichen Nacheinander, infolge ihrer alles einheitlich und ungeheuer konzentrierenden Kraft; grade solche, sich an ihrer eignen Heftigkeit am allerraschesten verbrauchenden, deshalb vergänglichsten, Zustände sind infolgedessen wie von tiefer Ewigkeit umgeben, – und erst dieser von ihnen unabtrennbare, fast mystisch unter all dem übrigen wirkende, Akzent läßt ihr Glück selig, ihr Weh tragisch erscheinen. Zwei Menschen, die vollen Ernst machen mit diesem Vergänglich-Ewigsten, es als einzigen Maßstab an ihr Tun anlegen, keine Treue wollen als die ihres Seligseins aneinander, leben einer anbetungswürdigen Tollheit: wenn auch menschlich-schöner oft, als manche lange, echte Treue aussieht, die, unbewußt vielleicht, doch nur einer Verlustfurcht oder Lebensfurcht, einer Habgier oder Schwäche, entstammte. Sie bringen es mit allem Aufwand ihrer glühenden Farben zu einer halbfertigen Liebesskizze nur, aber mehr tiefstes Können und Vollenden kann sich darin aussprechen als in manchem ausgeführten Lebensgemälde. In solchen Fällen ist es geradezu, als sammle sich um den echten Liebesleichtsinn, angezogen von seinem kühnen Glauben, oft alles Große auch, jede Gesinnung der Zartheit und der Aufrichtigkeit, – die nur mehr eins noch fürchtet: ihre ureigene Ethik zu verletzen, weil alles, was außer ihr ist, unter ihr ist.

Die Tragik aber, daß der erotische Affekt sich wahnhaft überlebens-
großen Gesetzen unterstellt, äußert sich nicht bloß an seinem Vergäng-
lichsein, sondern auch, sozusagen, am Zerrbild seines Ewigseinwollens.
Denn wo sein Affekt- und Illusionscharakter nicht nachläßt, – oder
vielmehr, wo es zu spät geschieht, – da wandelt er sich zu einer Krank-
heit der Überspannung dessen, was dem Wesen nach auf das nur
Temporäre eingerichtet ist. Zu einer Art von Giftwirkung kondensiert,
in den treibenden Kräften des Organismus isoliert, mit seinen Exzitan-
tien gleichsam mechanisch, nicht mehr lebendig steigernd, wird er ein
Gewaltstoff, Fremdstoff, den der Gesunde auszuscheiden sich bemüht,
und sei es in dauerndem Fieber des Kampfes. Für das Affektive des
Erotischen heißt die natürliche Fortentwicklung eben nicht: sich erhalten
und retten quand même, vielmehr: sich aufgeben, sich zurückgeben an
den Kreislauf und Wechsel fließenden Lebens, dem es entstammt, – an
das, wodurch es bis zum letzten Unkenntlichwerden aufgelöst wird,
anonym mitverarbeitet zu souveränen Zwecken.

Wie das erotische Einanderbedürfen nur ins Seelisch-Sterile gesteigert
würde durch weitere gegenseitige Vergottung, während es durch das
Kind, im Dienst am ganz Primitiven, erst zum wirklichen Eingehn in
das »andere« gelangen muß, und damit in das Leben: so verhält es sich
auch dem Ganzen nach. Von den Höhen des Affekts aus, muß die
Entwicklung, um weiterzugehen, wieder ganz unten einsetzen: in dem
ihm scheinbar Entgegengesetztesten, von ihm Ablenkendsten, Abstei-
gendsten, – im gemeinsamen Werktag am alltäglichen Leben.

Lebensbund

Daß aber unsere Liebesträume uns nur so hoch entrücken, um, wie von
einem Sprungbrett, diesen Sprung zu tun von ihrem Himmel auf die
Erde hinab, das bekommt ihnen desto besser, je machtvoller sie als
Träume waren. Denn als ursprünglich bloße Begleiterscheinungen,
Überschüsse, an den leiblich bedingten Vorgängen, und dadurch ins
Wahnhafte verflüchtigt, sind sie ja schon ihre eignen Wirklichkeitsvor-
läufer, Lebensverlanger, Zukunftszeichen, Versprechen; ihr Lebensinstinkt

muß in die ganze Breite des »Wirklichen«, Simplen, Grobgegebenen greifen, wie ein ins Gespensterhafte Verzauberter nach seinem Leibe greift, und war es die unscheinbarste Leibhaftigkeit, um daran zu sich selbst zu kommen.

Aber es ist nicht unverständlich, warum Leute im Liebesrausch, und mit ihnen Sensitive jeder Art, den Kontakt mit dem Außendasein dennoch als Enttäuschung empfinden können: und nicht allein eine mißratene Verwirklichung ihrer Träume, sondern auch die bestgeratene schon, – ihr Sich-einlassenmüssen mit dem groben Material an sich. Ist doch, was ins Leben tritt, damit gleichsam ein Sterbeakt dessen, was es war, – als Tod um so fühlbarer, je mehr es eine geistig gegebene Einheit war, – äußert es sich doch in einem Auseinanderfallen in Teilungen, Vermischungen, an denen die Erstgestalt so sicher zerbricht, wie der Keim im Mutterleibe unter dem lebenvermählenden Anstoß, der ihn furcht und gliedert. So ist auch zuzugeben, daß Liebesrausch und Lebensbund einander nicht ähnlich bleiben, daß der Hohn nicht total unrecht hat, der von ihnen behauptet, das eine finge ungefähr da an, wo das andre aufhörte, – und daß es auch hier nicht nur an einem mangelhaften Gelingen liegt, vielmehr bereits enthalten ist in zwei grundverschiedenen Methoden des Erlebens der Liebe.

Denn der erotische Affekt vollendet sich darin in der Tat nur in dem Sinn, wie der Fluß im Meer, und sieht damit seine besondere Art von Gefühlsethik, – wonach er allein eine Gemeinsamkeit adelte oder aufhob, – zunichte werden, – von breitern außererotischen Zusammenhängen miteinbegriffen werden. Ein Lebensbund ist erst in *dem* geschlossen, was das Hinschwinden eines frühern Affekts, das Hinzukommen eines spätem zu überdauern den Willen hat, – was sich wertvoll genug weiß, um auch auf solche Opfer einzugehn: weil ein Leben darin ausgetragen werden will, das der gleichen Sicherung und Schonung, des gleichen Opferwillens bedarf, wie die leiblich gezeugte Frucht. Im Grunde ist das zwar nichts andres, und auch um nichts mehr, als was man ohne weiteres von jedem erwartet, der sich einem Dienst, einer Sache, auf jede Gefahr hin verpflichtet hat, und sich grade da am meisten schämen würde, an ihr zum Überläufer zu werden, wo er selbst sie in Gefahr gebracht hätte. Dieser männlichere Begriff der Treue muß dem gefühlsmäßigen, oder dem auf weiblich-instinkthaftem Triebzusammenhang beruhenden, hinzugefügt werden: das rein persönliche Belieben, das manchmal auslangt, aber letzten Endes alles auf eine Temperamentsfrage basiert, muß darin überwunden sein. Erst das Hinaussein über das Subjektive allein (als wie »sittlich empfunden« es sich auch gab), – ja, wenn man so will, erst das Einbegreifen eines asketischen Moments, unterscheidet Liebesrausch und Lebensbund, und es unterscheidet sie prinzipiell. Wie es eine altvaterische Äußerlichkeit wäre, sich dabei nach der bürgerlichen oder kirchlichen Sanktion zu richten, so bleibt es eine moderne Weichlichkeit, diese innere Sanktion und Bindung möglichst ins Unklare gerückt zu lassen, und sich vor dem Wort »Askese« zu bekreuzigen, als ob irgend ein übersubjektiver Zweck überhaupt erreichbar sei, ohne prinzipielles Zugeständnis an sie als Mittel.

Auch wo es auf das Entscheidendste erotische Liebe war, was den Lebensbund begründete, lernt sie doch darin erst sich so zu verhalten, wie es ihrem intermittierenden Charakter eigentlich in höherm Sinn entspricht: nämlich *raumgebend*. Denn der Geist, der sie ja selber emporgehoben hatte aus bloßem Sexualtrieb zu einem Fest und Glanz der Seele, bleibt ihr auch da, wo er sie seinem Arbeitstag einordnet, seinem ihr abgewendetesten Tun, doch der ihr einzig mögliche Erfüller. Und Schutzherr auch: indem die Treue ihr gegenüber, nun nicht mehr das überschätzte Einzige, dafür gleichsam verknüpft erscheint allen Treuen im Lebensverhalten, und indem deren Bruch aus einer bloßen Liebeskränkung zu einem Antasten des Lebendigen wird, woran zwei gemeinsam schufen, zu einer Art von Vergehen wider keimendes Leben. Wäre deshalb der Liebesrausch auch vor dem eingegangenen Bunde schon ein ganzer Blütenbaum gewesen, der lange blüht, ehe er welkt, so würde er diesem Boden doch ganz neu eingesenkt zu einem ganz neuen Wachstum. Aus dem, was sein Blühen bestimmte, der Sensation, wäre er herausgehoben, und in das, was ihn zu verwelken pflegte, die *Gewöhnung*, eingepflanzt: denn für die Lebendigkeit der vollen, in allem gleichbetätigten Gemeinsamkeit ist das Aufreizende und Aufrüttelnde im Kommen und Gehen der Sensationen nicht mehr maßgebend. Liegt in solchem Auf und Ab der physiologischen Funktionen, und der von ihnen bedingten Affekte, direkt einer ihrer Lebenswerte ausgedrückt –

scheint das Dasein uns daraus zuzurufen: »halte dich nicht wie an einem Endziele auf! Hier mußt du *hindurch*!« so verlangt der Geist, weil bei sich selber am Ziel, ein Dienstbarwerden des Vorübergehenden, den *Bestand.* Wo deshalb das Erotische sich so konzentriert ausgibt, als gelte es, sich in diese Momentewigkeit zu retten, um die Vergänglichkeit dennoch zu übertrumpfen, an die es gefesselt ist, – da breitet der Geist es wieder ins Zeitliche aus, in das Nacheinander der Dinge, an denen er zur Tat wird. Denn während in der aufdringlich zusammengefaßten Vollendung das Affektive – wenn auch sozusagen mit geistigen Allüren, – es noch dem Physischen nachmacht, dessen Einzeldinge sich uns einmalig für allemal in ihrer gröbern Wahrheit vor Augen stellen, bewahrheiten geistige Vorgänge sich entgegengesetzt: nur als ein fortgesetztes Sichzur-Tat-erneuern, das angelegt erscheint auf endlose Zeit und unerschöpfliches Material. Das Geistige, als die lebendigste Steigerung, kann eben ihrerseits ihre Ganzheit garnicht mehr anders darstellen, als *indirekt*, sinnbildlich, als Initiative, als fruchtbare Zergliederung in die gegebenen Einzelheiten.

Aus diesem Grunde ist ein gewisses immer wieder Hineinführen in das noch zu Vollendende allem geistigen Verhalten eigen, und ist das, was der Geist berührt hat, ungeachtet seiner Steigerung, von außen am unfertigsten anzuschauen. Auch für den Lebensbund der Geschlechter wird dies stets bezeichnend sein, und, gerade in den idealsten Fällen, wird drin Höchstes mit Trivialstem so durcheinandergehn dürfen, daß nichts mehr sich vornehm davon zurückhalten kann, sich erneuern zu lassen bis zur Unkenntlichkeit seiner ehemaligen selbstgenügsamen Vollendung. Dieser Mischmaschcharakter, den man mit großem Unrecht aller Ehe zum Vorwurf macht, ist ihr keineswegs nur aus äußerlich naheliegenden Gründen aufgeprägt, vielmehr der innere Gesichtspunkt von dem aus sich alles in ihr umorganisierte, ergibt diese gleichmäßigere Bewertung, den verhältnismäßigen Wert selbst noch des simpelsten oder sprödesten Materials. Wenn es in jeder Eheformel irgendwie heißt: »for better and worse«, so liegt darin nicht nur ausgedrückt, auch im Ertragen des minder Angenehmen müsse sich die Liebe beweisen: es darf tatsächlich besagen, daß ganz anders als im Liebesrausch Gutes wie Schlimmes wertvoll geworden sei, verwendbar, für den Endzweck der vollen Lebensgemeinsamkeit. Und so gilt es auch für die Beziehung der zwei Menschen zueinander, daß sie gewissermaßen alles umfaßt. Fast könnte man meinen: wiederum, wie in der erotischen Verhimmelung, fänden sie sich gegenseitig in jede Gestalt, jede Wirkung hinein, die der Wunsch phantastisch eingab. Nur ist der Sinn nicht mehr derselbe, weil herausgeboren diesmal aus dem tiefsten Eingehn in die Bedürftigkeit des Wirklichen; nicht auf eine Schönfärberei am andern geht er, sondern auf eine Arbeit an sich selbst, die mit ungeahnten Kräften begabt und wandelt, wo es gilt, ihm hinzuhalten, wessen er bedürftig ist, – und, je nach dem Maß der Liebe, gibt es keine letzte Grenze da. Gatten einander sein, das kann gleichzeitig heißen: Liebende, Geschwister, Zufluchten, Ziele, Hehler, Richter, Engel, Freunde, Kinder, – mehr noch: voreinander stehen dürfen in der ganzen Nacktheit und Notdurft der Kreatur.

Schluss

Innerhalb des Lebensbündnisses scheint auf diese Weise sich beinah – wie in einer Rekapitulation – noch einmal alles ebenso untaxierbar gleichwertig ineinander zu verbinden, wie es für das Ganze des Liebesproblems selber charakteristisch ist. Und ähnlich wie man den primitivsten Sexualvorgang schon, – die Totaleinigung zweier Zellen, – gewissermaßen als ein Bild vorwegnehmen konnte für die feurigsten Liebesträume, so scheint auch hier ein Bild nahezuliegen, – eine Umschreibung der Lebensgemeinschaft, ebenfalls als reines Symbol erst, ohne Inhalt noch: in den äußern Formen ihrer Sanktion als Ehe. Und geht jenes einfachste Sexualereignis nach eigenen Gesetzen zu immer reichern Zusammenhängen über, deren innere Bewertung sich immer mehr uns entzieht, so lassen sich auch hier zwischen der leeren Formgebung und dem Gehalt des innern Erlebens darin, nirgends die Werte messen, nur ratend ablesen von den verschlossenen Außenzeichen. Wie aber das Geschlechtsleben nicht erst durch seine höhern Kundgebungen zugänglich wird und überall seinen Grundboden unter sich behält, so öffnet sich auch die sozial anerkannte Gemeinschaft jedem Paar und seinem Kinde, gleichviel wie wenig tief es von diesem Außen in das Innere des

Verhältnisses zueinander eingehen mag. Auf beiden Gebieten, leiblichem wie geistigem, affektivem wie sozialem, wird der unbegrenzte Reichtum der Dinge immer nur von einigen ganz zu erfassen sein, und im Lieben, wie in allem, bleibt das Höchste das seltene Werk der dazu geborenen Ausnahmemenschen. Was indessen deren Genialität darin verkörpert, das hat immer wieder das Wegweisende darzustellen, die Hilfe und Hoffnung für alle, die auf den tausend Wegen gehen von unten hinan, wie von außen hinein in das Reich des Geschlechterbundes. Denn nicht das ist das Höchste und Seltenste, das Niedagewesene zu finden, das Unerhörte zu künden, sondern das alltäglich Gewordene, das allen Gegebene, aufzutun zur ganzen Fülle seiner Möglichkeiten im Menschengeist. So, wie wir im Morgennebel jedesmal meinen, in Flachland dahinzuwandern, bis die Sonne ihn berührt, und Bergesgipfel darin aufglänzen läßt, oft von unserm Erdboden so nebelgetrennte, daß sie gleich Phantasmagorien wirken, – immer höhere noch, immer fernere, – und doch auch die unerreichbarsten *unser* noch, in unser Leben mit hinein gehörig: unsere Landschaft.

Derjenige Liebes- und Lebensmut jedoch, der sich zu neuen Träumen in uns erhebt durch den Blick auf solche Gipfel, und unsern Schritt beflügelt, läßt sich nicht mehr in das Spezialisierte und in das Wort hinein weiter verfolgen; außerhalb einer gewissen Vergröberung und tag-scharfen (auch banal-scharfen) Belichtung der Dinge, werden sie nur in so schemenhaften Allgemeinheiten für uns noch deutbar, so sehr ohne sich ins Bestimmte zu teilen und zu sondern, wie man etwa an einer Engelschar nur helle Schwingen und Gesichte unterschieden dächte, und wüßte ihrer Namen keinen. Ist wirklich auch noch diese verschwiegenste, kraftbeanspruchendste Innenarbeit ebenfalls ein Erleben geworden zu Zweien, so ist sie schon wie eine Religion zu zweit: der Versuch, sich und einander in Beziehung zu setzen zum Höchsten, was man noch eben mit dem Blick erreichen kann, um es zu wandeln zu einem Erlebnis des Täglichen. Damit aber ist es auch gleichzeitig ganz und gar ein Werkschaffen geworden, und nur als ein solches zugänglich: und so in einer viel tiefern Heimlichkeit stehend, unbefugten Augen noch viel sicherer entrückt, als selbst die heimlichsten Geheimnisse der Liebe. Denn während diese sich entweder absichtsvoll verstecken, d. h.

sich hinter Fremdes stellen muß, oder sich laut, d. h. pathetisch, äußern muß entsprechend ihrer überschüssigen Gefühlsfülle, ist hier gleichsam kein Gefühl mehr ledig, sondern verkörpert in seinen selbsteignen Handlungen und Gedanken: garnicht mehr als Gefühl unterwegs, sondern seinerseits allen Dingen in sich Obdach gebend, – ja nun grade in allem ganz, und auch im Geringsten anwesend, wie der ganze Gott noch durch den brennenden Busch spricht.

So gewiß, wie sich die leeren Formen, Hülsen und Sanktionen der Lebensgemeinschaft unüberführbar mit einem Inhalt brüsten können, der gar nicht in sie eingegangen sein mag, so gewiß, umgekehrt, versinnbildlicht er sich fortwährend in Lebensergebnissen, denen wir ihn um ihres Alltagscharakters willen nicht ansehn können. Und tausendmal wohl, gehn wir auf diese Weise unter dem grob Sichtbarsten, banal »Wirklichsten« wie unter den Außensymbolen darin schlafender Träume, verzauberter Innerlichkeiten, umher, ohne zu ahnen, daß wir in der Gesellschaft von Erlauchten sind, und dem Lebensvollsten am unmittelbarsten nahe. Denn alles Leben *ist* nur, als das Wunder, das sich fort und fort seines Wunders begibt.

Diese Worte selber, mit ihrem notgedrungenen Oberflächengriff, vermögen nur, an einem Innenvorgang herumzutasten wie an einem sehr groben Außending, hoffend, daß darunter dennoch, symbolhaft, etwas von dem anklinge, was in ihm ist.